新レインボー はじめて英語図鑑
新学習指導要領対応
JN050832
小学生の
英会話カード
450
英検® 対応
ダウンロード音声
ポイントまとめシートつき
監修 佐藤 久美子（玉川大学大学院名誉教授）
I like fruit.
I play tennis.
Do you like cats?
Yes, I do.
I'm happy.
What sport do you like?
I want to eat pizza.
She can play the violin.
I want to go to Italy.
I'm hungry.
See you.
Gakken

この本の使い方

小学校で知っておきたい英会話を徹底分析し，全**450**フレーズをカードにしました。
ミシン目で切り取って，付属のリングでとめて持ち歩けば，いつでも・どこでも確認できる，
自分だけのカード集が作れます。

英会話カード

オモテ面・ウラ面でチェックできる！

小学生が使いやすいように，オモテ面はかわいいイラストつきの日本語，ウラ面は英語になっています。慣れてきたらウラ面からオモテ面を確認してみましょう。英検®に出やすいものは，その級(4級・5級)を示しています。英語の読み方をカタカナで示していますが，実際の英語の発音は音声をよく聞いてチェックしましょう。

オモテ面

日本語を見て，ウラ面で英語を確認。

ウラ面

自己紹介 4　英 4

I'm good at dancing.

アイム　グッド　アト　ダンスィング

047

フレーズを確認して，オモテ面で意味を確認。

ポイントまとめシート

英会話フレーズのポイントをまとめて学べるシートを44種類用意しました。文の型や使う場面を理解した上で，全450のカードを学習すると効果的です。

ダウンロード音声

全カードの英語のフレーズを収録した音声を，専用サイトから無料でダウンロードすることができます。パソコンから下記のURLにアクセスしてください。

https://gakken-ep.jp/extra/download/card450/

- ダウンロードできるのは，圧縮されたMP3形式の音声ファイルです。
- 再生するには，ファイルを解凍するソフトや iTunes や Windows Media Player などの再生ソフトが必要です。
- お客様のネット環境により音声のダウンロードや再生ができない場合，当社は責任を負いかねます。ご理解，ご了承くださいますよう，お願いいたします。

表紙カード

表紙カードは英会話カードの最初に入れるとわかりやすいです。

カードの上手な切り方

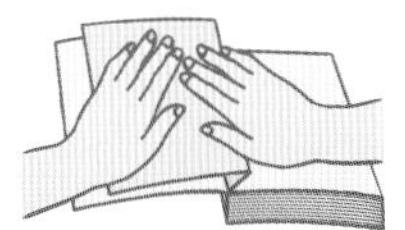

①たてのミシン目にそってしっかり折る

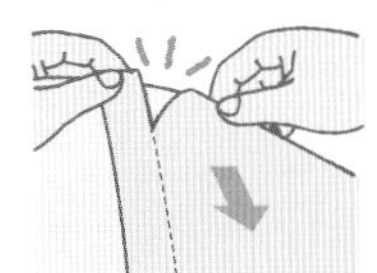

②折り目のはしをつまんで少しだけ切る

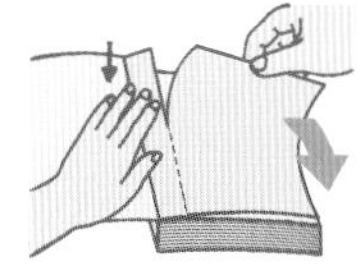

③ミシン目の内側をおさえながら，少し丸めるようにして，切り取る

英検®は，公益財団法人 日本英語検定協会の登録商標です。
このコンテンツは，公益財団法人 日本英語検定協会の承認や推奨，その他の検討を受けたものではありません。

小学生の英会話カード 450 もくじ

ポイントまとめシート番号とそれに連動した英会話カードのもくじになります。

1 いろいろなあいさつをしよう

Hello. / Good morning. / Goodbye. など

Hello.（こんにちは。）や Hi.（やあ。）は，1日中使えるあいさつです。

次は，午前・午後・夕方～夜の時間帯によって使い分けるあいさつです。

別れるときは，Goodbye. ／ Bye.（さようなら。）や See you.（またね。）などを使います。夜は Good night.（おやすみなさい。）も使えます。

2 「元気？」と聞いてみよう
How are you? / Are you ～?

あいさつをしたあとは，「元気？」のように調子や気分も聞いてみましょう。

great（とても元気）のほかにも，右のようなことばを使って返事をすることができます。

fine	元気	**OK**	まあまあ
good	元気	**not good**	あまりよくない

体調が悪そうな人には，次のように聞くのもよいでしょう。

Are you **OK?**	(あなたは)だいじょうぶですか。
Are you **tired?**	(あなたは)つかれていますか。

3 初対面のあいさつをしよう
Nice to meet you. / My name is ～. など

ここでは，初対面のあいさつを見てみましょう。

Hi. My name is Greg.
やあ。私の名前はグレッグです。

Hello. My name is Ken.
Nice to meet you.
こんにちは。私の名前はケンです。はじめまして。

Nice to meet you, too. こちらこそ，はじめまして。

too は「～も」という意味

自分の名前を伝えるときは，My name is ～. を使います。下の名前だけでも，名字と名前の両方を言ってもかまいません。

What's your name?	あなたの名前は何ですか。
My name is Taku.	私の名前はタクです。
My name is Kimura Taku.	私の名前は木村タクです。

自分の名前は，I am ～. でも伝えられます。次のシートを見てみましょう。

4 自分のことや得意なことを言おう
I'm ～. / I'm good at ～.

「私は～です。」のように，名前や年れい，出身地，入っているクラブなど，自分のことを伝えるときは，I'm ～. を使います。

I'm **Yuki.**	私はユキです。
I'm **ten.**	私は 10 さいです。
I'm **from Tokyo.**	私は東京の出身です。
I'm **in the art club.**	私は美術部に入っています。

I'm は I am を縮めた形で，I は「私は」，am は「～です」という意味です。

自分の得意なことを伝えるときは，I'm good at ～. を使います。

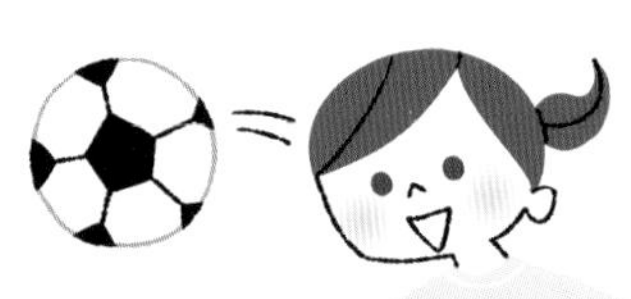

I'm good at **soccer.**
私はサッカーが得意です。

I'm good at **cooking.**
私は料理が得意です。

5 名前のつづり・年れい・出身地を聞こう

How do you spell your name? / How old are you? / Where are you from?

友達の名前は，アルファベットでどのように書くのかわかりますか。ここでは，つづりをたずねる言い方とその答え方を見てみましょう。

How do you spell your name?

あなたの名前はどうつづるのですか。

M-I-K-E, Mike.

M-I-K-E, マイクです。

アルファベットを
1文字ずつ伝える

次に，年れいや出身地をたずねる言い方とその答え方です。答え方はシート4で習いましたね。

How old are you?

あなたは何さいですか。

I'm eight.

私は8さいです。

Where are you from?

あなたはどこの出身ですか。

I'm from Australia.

私はオーストラリアの出身です。

6 自分の好ききらいを言おう

I like ～. / I don't like ～.

「私は野球が好きです。」のように，自分の好きなものを伝えるときは，I like ～. を使います。

I like baseball. 私は野球が好きです。

I like blue. 私は青が好きです。

I like dogs. 私は犬が好きです。

I like bananas. 私はバナナが好きです。

「好きだ」は like

like（～が好きだ）のあとには，好きなものを表すことばが続きます。動物や果物など，「1つ，2つ…」と数えられるものは，dog → dogs のようにことばの終わりに s をつけます。

自分が好きではないものを伝えるときは，I don't like ～. を使います。

I don't like carrots.

私はにんじんが好きではありません。

7 自分のするスポーツや演奏する楽器を言おう

I play ～. / I don't play ～.

「私はテニスをします。」「私はピアノをひきます。」のように，自分のするスポーツや演奏する楽器を伝えるときは，I play ～. を使います。

演奏する楽器を伝えるときは，楽器名の前に the をつけます。

自分がしないスポーツ・楽器を伝えるときは，I don't play ～. を使います。

8 自分の持ちものを言おう

I have ～. / I don't have ～.

「私は赤い自転車を持っています。」のように，自分の持ちものを伝えるときは，I have ～. を使います。

I have a red bike.
私は赤い自転車を持っています。

I have ten comic books.
私はまんが本を 10 冊持っています。

「持っている」は have

また，自分が持っていないものを伝えるときは，I don't have ～. を使います。

I don't have a watch.
私はうで時計を持っていません。

have は，「持っている」という意味以外にも「(きょうだいが) いる」「(ペットを) 飼っている」など，いろいろな意味を表します。

I have a sister.
私には姉［妹］が 1 人います。

I have a cat.
私はねこを 1 ぴき飼っています。

9 相手にいろいろなことを聞こう

Do you like ～? / Do you play ～? / Do you have ～?

シート6では，like（～が好きだ）の使い方を習いましたね。ここでは，「あなたはねこが好きですか。」のように，相手に好きかどうか聞いてみましょう。

Do you like cats? あなたはねこが好きですか。

Yes, I do.
はい，好きです。

No, I don't.
いいえ，好きではありません。

シート7・8では，play（～をする）と have（～を持っている）の使い方を習いましたね。ここでは，それらを使って相手に聞いてみましょう。

Do you play volleyball?
あなたはバレーボールをしますか。

Yes, I do.
はい，します。

Do you have a computer?
あなたはコンピューターを持っていますか。

No, I don't.
いいえ，持っていません。

10 相手の好きなものを聞こう
What ~ do you like?

「あなたは何色が好きですか。」のように，相手の好きな色をたずねるときは，What color do you like? を使います。答えるときは，I like のあとに好きな色を言います。

What color do you like?
あなたは何色が好きですか。

I like pink.
私はピンクが好きです。

color（色）のほかにも，次のようなことをたずねることができます。

What subject do you like?
あなたは何の教科が好きですか。

What animal do you like?
あなたは何の動物が好きですか。

What fruit do you like?
あなたは何の果物が好きですか。

What sport do you like?
あなたは何のスポーツが好きですか。

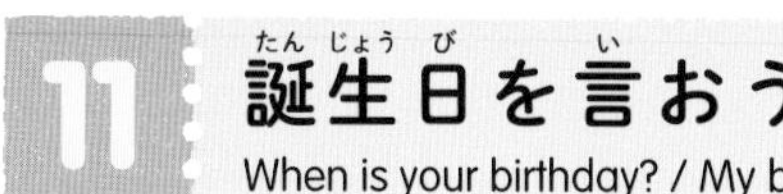

11 誕生日を言おう

When is your birthday? / My birthday is ～.

ここでは，誕生日をたずねる言い方とその答え方を見てみましょう。

When is your birthday?

あなたの誕生日はいつですか。

My birthday is August 10th.

私の誕生日は8月10日です。

日付は，〈月＋日〉の順で言います。月の言い方を確かめましょう。

1月 **January**	2月 **February**	3月 **March**
4月 **April**	5月 **May**	6月 **June**
7月 **July**	8月 **August**	9月 **September**
10月 **October**	11月 **November**	12月 **December**

「1日，2日…」のような日付は，ふつうの数を表すone, two …ではなく，first, second …のような順序を表す数（序数）で言います。

12 自分がほしいものを言おう

I want ～.

あなたは誕生日に何がほしいですか。「私は自転車がほしいです。」のように，自分のほしいものを伝えるときは，I want ～. を使います。

want は，注文や買い物などで，「～をください，～をお願いします」と言うときにも使います。このとき，よく please もいっしょに使います。

13 相手のほしいものを聞こう
Do you want ～? / What do you want for your birthday?

「あなたは携帯電話がほしいですか。」のように，相手がほしいかどうかをたずねるときは，Do you want ～? を使います。

誕生日にほしいものをたずねるときには，次のように言います。

ものをわたすときの言い方を知ろう

This is for you. / Here you are.

相手にプレゼントなどを手わたすときには，This is for you.（これはあなたにです。）や Here you are.（はい，どうぞ。）などの表現を使います。

Happy birthday. お誕生日おめでとう。

This is for you. これはあなたにです。

Here you are. はい，どうぞ。

ものを受け取ったら，お礼も忘れずに言いましょう。

Thank you. ありがとう。

You're welcome. どういたしまして。

15 天気・曜日を聞こう

How's the weather? / What day is it today?

天気をたずねるときは，次のように言います。答えるときは，It's を使います。

How's the weather?	天気はどうですか。
It's sunny.	晴れています。
It's cloudy.	くもっています。
It's rainy.	雨が降っています。
It's snowy.	雪が降っています。

It's ～. で答える

曜日をたずねるときの言い方も見てみましょう。曜日を答えるときも，It's を使います。

What day is it today?	今日は何曜日ですか。
It's Sunday.	日曜日です。

曜日は大文字で始める

日曜日	月曜日	火曜日	水曜日
Sunday	**Monday**	**Tuesday**	**Wednesday**
木曜日	金曜日	土曜日	
Thursday	**Friday**	**Saturday**	

英単語カード950 ▶ 天気・寒暖 793 ～ 801

16 日付・時刻を聞こう

What's the date today? / What time is it?

日付をたずねるときの言い方です。日付の言い方は，シート 11 で習いましたね。

What's the date today? 今日は何月何日ですか。

It's April 2nd. 4 月 2 日です。

日付は〈月＋日〉の順

時刻をたずねるときの言い方も見てみましょう。答えるときは，It's のあとに時刻を続けます。時刻は〈時＋分〉の順に数を続けます。

What time is it? 何時ですか。

It's 1:00.

1 時です。

It's 3:15.

3 時 15 分です。

It's 5:30.

5 時 30 分です。

It's 7:45.

7 時 45 分です。

It's 11:10.

11 時 10 分です。

時刻は〈時＋分〉の順

17 1日の生活について言おう

What time do you 〜? / I get up at 〜.

「あなたは何時に起きますか。」「私は6時に起きます。」のように，1日の生活ですることとその時刻を伝える言い方を見てみましょう。

What time do you get up?

あなたは何時に起きますか。

I get up at 6:00.

私は6時に起きます。

時刻の言い方はシート16で習いましたね。1日の生活の行動を見てみましょう。

go to school

学校へ行く

have lunch

昼食を食べる

go home

家に帰る

take a bath

入浴する

watch TV

テレビを見る

go to bed

ねる

英単語カード950 ▶ 1日の行動 851〜872

18 月曜日にすることを聞こう

What do you do on ～? / What do you have on ～?

あなたは習い事をしていますか。「あなたは月曜日には何をしますか。」のような，その曜日にすることをたずねる言い方を見てみましょう。

What do you do on Mondays?
あなたは月曜日には何をしますか。

I play baseball.
私は野球をします。

「～曜日に」は，曜日の前に on

「あなたは金曜日には何がありますか。」のように，時間割をたずねるときは，次のように言います。

What do you have on Fridays?
あなたは金曜日には何がありますか。

I have math.
私は算数があります。

英単語カード950 ▶ 教科・活動など 300 ～ 311

19 相手に家の手伝いをするかどうか聞こう
Do you ～?

あなたは家の手伝いをしていますか。「あなたは食器を洗いますか。」のように，相手にたずねるときは，Do you ～? の形を使います。

Do you wash the dishes?
あなたは食器を洗いますか。

Yes, I do.
はい，洗います。

Do you set the table?
あなたは食卓の用意をしますか。

No, I don't.
いいえ，しません。

自分がする手伝いを伝えるとき，「たいてい」などの頻度を表すことばを入れて言うこともあります。

always	(100%)	いつも
usually	(80%)	たいてい
sometimes	(50%)	ときどき
never	(0%)	決して～ない

I always walk my dog.
私はいつも犬の散歩をします。

I sometimes cook dinner.
私はときどき夕食を作ります。

20 自分ができる・できないことを言おう
I can ～. / I can't ～.

「私は泳げます。」のように，自分ができることを伝えるときは，I can ～. を使います。can は「～できる」という意味です。

「私は泳げません。」のように，自分ができないことを伝えるときには，I can't ～. を使います。

21 相手にできるかどうか聞こう
Can you ～?

「あなたは料理ができますか。」のように，相手にできるかどうかをたずねるときは，Can you ～? を使います。

Can you cook?
あなたは料理ができますか。

Yes, I can.
はい，できます。

「はい。」と答えるときは，Yes, I can. と言います。

また，「いいえ。」と答えるときは，No, I can't. と言います。

Can you sing well?
あなたは上手に歌えますか。

No, I can't.
いいえ，歌えません。

22 人を紹介しよう①

This is ～. / Who is this?

「こちらはトムです。」のように，友達や家族など人を紹介するときは，This is ～. を使います。

This is Tom.

こちらはトムです。

This is my sister.

こちらは私の妹［姉］です。

「こちらはだれですか。」のように，人についてたずねるときには Who is this? を使います。who は「だれ？」という意味です。

Who is this?

こちらはだれですか。

This is my father.

こちらは私の父です。

「だれ？」は who

23 人を紹介しよう②
He is ～. / She is ～.

This is my brother.（こちらは私の弟です。）のように人の名前や自分との間がらを伝えたあとに，「彼は 5 さいです。」「彼女はカナダの出身です。」などと，よりくわしく説明する言い方を見てみましょう。

「彼は～です」と言うときは，he(彼)を使って，He is ～. で表します。

This is my brother. こちらは私の弟です。

He is five. 彼は 5 さいです。

He is nice. 彼はやさしいです。

「彼」は he

「彼女は～です」と言うときは，she(彼女)を使って，She is ～. で表します。

This is Ann. こちらはアンです。

She is from Canada. 彼女はカナダの出身です。

She is a dancer. 彼女はダンサーです。

「彼女」は she

24 友達の得意なことを紹介しよう

He is good at ~. / She is good at ~.

友達や家族などの得意なことを言うときには，シート 4 で習った good at を使います。

He is good at soccer.
彼はサッカーが得意です。

She is good at English.
彼女は英語が得意です。

good at のあとには，He is good at singing.（彼は歌うことが得意です。）のように，ing で終わる動作を表すことばを続けることも多いです。

singing
歌うこと

swimming
泳ぐこと，水泳

running
走ること

cooking
料理（をすること）

25 友達のできることを紹介しよう

He can ～. / She can't ～.

「彼はスキーができます。」のように，友達や家族ができることを伝えるときは，can を使って，次のように言います。

He can ski.

彼はスキーができます。

She can jump high.

彼女は高くとべます。

「できる」は can

「彼女はスケートができません。」のように，友達や家族ができないことを伝えるときは，can't を使います。

He can't swim.

彼は泳げません。

She can't skate.

彼女はスケートができません。

「できない」は can't

26 友達ができるかどうか聞こう
Can he ～? / Can she ～?

「彼は～できますか。」のように，男の子の友達などができるかどうかをたずねるときは，次のように言います。

Can he run fast? 彼は速く走れますか。
Yes, he can. はい，速く走れます。
No, he can't. いいえ，速く走れません。

答えるときにも，he や can を使います。

「彼女は～できますか。」のように，女の子の友達などの場合も見てみましょう。

Can she ride a unicycle? 彼女は一輪車に乗れますか。
Yes, she can. はい，乗れます。
No, she can't. いいえ，乗れません。

27 学校の中を案内しよう

This is 〜. / That is 〜.

外国からの転校生や友達に，「こちらは音楽室です。」のように，学校の中を案内するときの表現を見てみましょう。

this は「これ，こちら」のように，近くにあるものを指すときに使います。

また，はなれたところにあるものを指して「あれ，あちら」と言うときには，that を使います。

28 自分の町にあるものを紹介しよう
We have ～. / We don't have ～.

「私たちの町には大きな競技場があります。」のように，町にあるものを紹介するときは，We have ～. を使います。

We have a big stadium in our town.
私たちの町には大きな競技場があります。

big（大きい）のような，いろいろな様子や状態を表すことばを確かめましょう。

また，「私たちの町には～はありません。」と言うときは，We don't have ～ in our town. と言います。

29 季節や月の行事を紹介しよう

We have ～ in ….

「春にはひな祭りがあります。」のように，行事を紹介するときにも，We have ～. を使います。

We have Dolls' Festival in spring.

春にはひな祭りがあります。

We have the Star Festival in July.

7月には七夕があります。

「春に」や「7月に」と言うときには in を使う

行事の内容を知りたいときは，次のようにたずねることができます。

What do you do on Dolls' Festival?

ひな祭りには何をしますか。

We eat *chirashi-zushi*.

ちらしずしを食べます。

30 町でできることを紹介しよう

You can see ～. / You can eat ～. / You can enjoy ～.

あなたの町ではどんなものを見ることができたり，食べることができたり，楽しんだりすることができますか。ここではsee（見る），eat（食べる），enjoy（楽しむ）を使って，自分の町を紹介する表現を見てみましょう。

You can see the beach.

（あなたは）はまべを見ることができます。

You can eat shaved ice.

（あなたは）かき氷を食べることができます。

You can enjoy fireworks festivals.

（あなたは）花火大会を楽しむことができます。

「見る」はsee
「食べる」はeat
「楽しむ」はenjoy

31 いろいろ説明しよう

What's this? / What's that? / It's ～.

「これは何ですか。」のように，目の前にあるものが何かをたずねるときの言い方とその答え方を見てみましょう。

What's this? これは何ですか。

It's *natto*. 納豆です。

はなれたところにあるものをたずねる場合は，What's that?（あれは何ですか。）と言います。よりくわしく説明できたら，とても親切ですね。

What's that? あれは何ですか。

It's a castle. お城です。

It's very old. とても古いです。

32 道案内をしてみよう

Where is ~? / Go straight. など

道をたずねるときの表現を見てみましょう。Excuse me.（すみません。）のように，一言声をかけるのも忘れないようにしましょう。

道案内をするときは，次のような表現を使います。

33 ものがどこにあるか説明しよう

on, in, by, under など

「ぼうしはソファーの上にあります。」のように，どこにあるかを説明するときの表現を見てみましょう。

Where is my cap?

私のぼうしはどこにありますか。

It's on the sofa.

ソファーの上にあります。

場所や位置を表す言い方を確かめましょう。

34 食べ物を注文してみよう

What would you like? / I'd like ～. / ～, please.

レストランなどで注文するときのやり取りを見てみましょう。食べたいものを注文するときは，I'd like ～.（～をください。）を使います。

注文するときは，～, please.（～をお願いします。）と言うこともできます。

英単語カード950 ▶ 食事②，飲み物 75 ～ 96

35 いくつほしいか聞こう
How many ～?

「オレンジはいくつほしいですか。」「3 つお願いします。」のような，買い物での数をたずねるときの表現を見てみましょう。

How many oranges do you want?

オレンジはいくつほしいですか。

Three, please.

3 つお願いします。

「いくつ？」は how many

「いくつ？」のように数をたずねるときは，how many を使います。

do you want を省略した言い方を使うこともあります。

How many apples?

りんごはいくつですか。

Two, please.

2 つお願いします。

36 値段を聞こう

How much is it?

「いくらですか。」のように値段をたずねるときは，how much を使います。値段を答えるときは，It's のあとに値段を言います。

大きな数の値段の言い方を見てみましょう。

100円	**one hundred yen**
180円	**one hundred (and) eighty yen**
200円	**two hundred yen**
550円	**five hundred (and) fifty yen**
1000円	**one thousand yen**

37 夏休みの思い出を言おう

I went to ～. / I ate ～. / I saw ～. / I enjoyed ～.

あなたは夏休みにどこへ行きましたか。「私は海に行きました。」のように，行った場所を伝えるときは，I went to ～. を使います。

I went to the sea.

私は海に行きました。

「行った」は went

ほかにも，夏休みや過去にしたことを伝えるときの言い方を見てみましょう。

食べた

I ate shaved ice.

私はかき氷を食べました。

見た

I saw many stars.

私はたくさんの星を見ました。

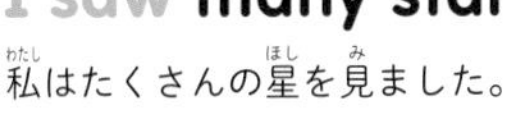

楽しんだ

I enjoyed fishing.

私はつりを楽しみました。

「食べた」は ate,「見た」は saw,「楽しんだ」は enjoyed

38 学校生活の思い出を言おう

My best memory is ～. / We went to ～. など

あなたの学校生活のいちばんの思い出は何ですか。下で言い方を見てみましょう。

What's your best memory?

あなたのいちばんの思い出は何ですか。

My best memory is **our sports day.**

私のいちばんの思い出は運動会です。

思い出の行事でどんなことをしたのかも，いっしょに説明してみましょう。

We went to **Nikko.**

私たちは日光に行きました。

We saw **an old shrine.**

私たちは古い神社を見ました。

I enjoyed **camping.**

私はキャンプを楽しみました。

39 したことの感想を言おう
It was ～.

思い出の行事などについて「楽しかったです。」のように，感想を言うときは，It was ～. で表します。

I went to the mountains.
私は山に行きました。

I enjoyed hiking.
私はハイキングを楽しみました。

It was fun.
楽しかったです。

fun（楽しいこと）以外の感想を表すことばを見てみましょう。

exciting	**delicious**	**great**	**beautiful**
わくわくした	とてもおいしい	すごい	美しい

40 将来なりたいものを言おう

I want to be ～. / Why?

あなたは将来何になりたいですか。下でやり取りを見てみましょう。

What do you want to be?
あなたは何になりたいですか。

I want to be a singer.
私は歌手になりたいです。

「～になりたい」は want to be ～

自分が将来なりたいものを言うときは，I want to be ～. で表します。

相手の将来の夢を聞いて，「なぜですか。」と理由をたずねるときは，Why? を使います。このように聞かれたら，理由を答えます。

Why?
なぜですか。

I like music.
私は音楽が好き(だから)です。

41 行ってみたい国やしたいことを言おう

I want to go to ～. / I want to eat ～. / I want to see ～.

行ってみたい国を言うときには，I want to go to ～. で表します。

Where do you want to go?

あなたはどこに行きたいですか。

I want to go to **Australia.**

私はオーストラリアに行きたいです。

その国に行きたい理由を聞かれて，食べたいものや見たいものを言うときには，want to ～（～したい）を使って，次のように言います。

Why? なぜですか。

I want to eat **steak.**

私はステーキが食べたいです。

I want to see **koalas.**

私はコアラが見たいです。

42 その国でできることを言おう

You can see ～. / You can eat ～. / You can enjoy ～.

あなたの行ってみたい国はどこですか。イタリアを例に，その国でできることを伝える言い方を紹介します。

You can see soccer games.
(あなたは)サッカーの試合を見ることができます。

You can eat pizza.
(あなたは)ピザを食べることができます。

You can enjoy shopping.
(あなたは)買い物を楽しむことができます。

「(私たちは)フランスで何を見ることができますか。」のように聞くときとその答え方を見てみましょう。

What can we see in France?
(私たちは)フランスで何を見ることができますか。

You can see the Eiffel Tower.
(あなたたちは)エッフェル塔を見ることができます。

43 中学校でしたいことを言おう

I want to join ～. / I want to enjoy ～. / I want to study ～.

あなたは中学校へ行ったら，どんなことをしたいですか。入りたい部活動について伝えるときにも，want to ～（～したい）を使います。

What club do you want to join?

あなたは何部に入りたいですか。

I want to join **the tennis team.**

私はテニス部に入りたいです。

I want to join **the science club.**

私は科学部に入りたいです。

ふつうスポーツ系の部活には team を，文化系の部活には club を使います。

楽しみたいことや勉強したいことを伝えるときの言い方を見てみましょう。

I want to enjoy **the school trip.**

私は修学旅行を楽しみたいです。

I want to study **English hard.**

私は英語を一生けんめい勉強したいです。

44 一言英会話を言ってみよう

はげます

Don't give up! あきらめないで！
Good luck! 幸運を！
You can do it! あなたならできるよ！

ほめる

Great! すごい！
Wonderful! すばらしい！
Perfect! かんぺき！

あいづち

Really? ほんとう？ **I see.** なるほど。
Maybe. たぶんね。 **That's right.** その通り。

さそう

Let's sing. 歌おう。
Let's go. 行こう。
Let's try! やってみよう！

あやまる

I'm sorry. — It's OK.
ごめんなさい。— だいじょうぶだよ。

お願いする

Can you help me? 手伝ってくれますか。
聞き入れるとき **Sure.** もちろん。 **OK.** いいですよ。 **All right.** いいですよ。
断るとき **Sorry, I'm busy.** ごめんなさい，いそがしいのです。

小学生の英会話カード450

●表紙カード

それぞれの表紙カードを英会話カードの最初に置いて，表紙として使いましょう。

小学生の英会話カード450
あいさつ
CARDS
001 - 032

小学生の英会話カード450

●表紙カード

それぞれの表紙カードを英会話カードの最初に置いて，表紙として使いましょう。

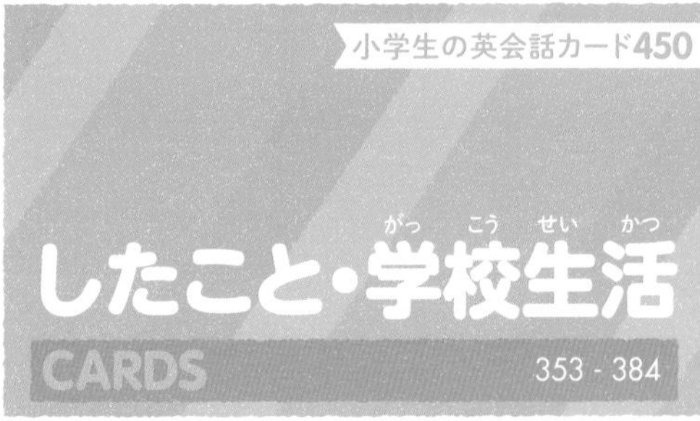

あいさつ 1 英5

こんにちは，
トム。

001

あいさつ 1 英5

やあ，アヤ。

002

あいさつ 1 英5

おはよう。

003

あいさつ 1 英5

こんにちは。
〈午後のあいさつ〉

004

あいさつ 1 英5

こんばんは。

005

あいさつ 1 英5

さようなら。

006

あいさつ 1 英5

またね。

007

あいさつ 1 英5

またあとでね。

008

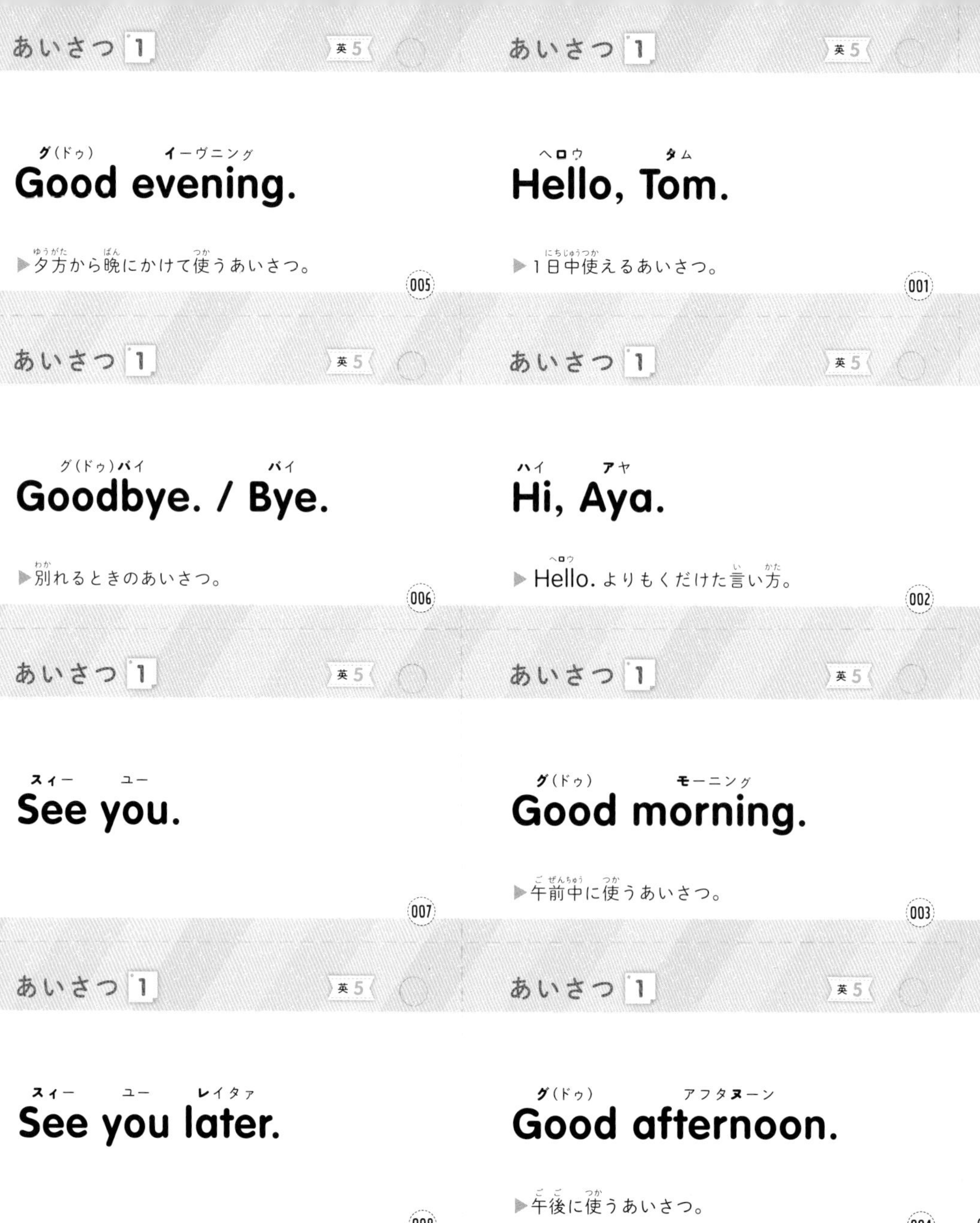

あいさつ 1
英5
ヘロウ タム
Hello, Tom.
▶1日中使えるあいさつ。
001
あいさつ 1
英5
ハイ アヤ
Hi, Aya.
▶Hello. よりもくだけた言い方。
002
あいさつ 1
英5
グ(ドゥ) モーニング
Good morning.
▶午前中に使うあいさつ。
003
あいさつ 1
英5
グ(ドゥ) アフタヌーン
Good afternoon.
▶午後に使うあいさつ。
004
あいさつ 1
英5
グ(ドゥ) イーヴニング
Good evening.
▶夕方から晩にかけて使うあいさつ。
005
あいさつ 1
英5
グ(ドゥ)バイ バイ
Goodbye. / Bye.
▶別れるときのあいさつ。
006
あいさつ 1
英5
スィー ユー
See you.
007
あいさつ 1
英5
スィー ユー レイタァ
See you later.
008
054

あいさつ 1　英5

またあしたね。

009

あいさつ 1　英5

おやすみ
なさい。

010

あいさつ 2　英5

元気（げんき）ですか。

011

あいさつ 2　英5

私（わたし）はとても
元気（げんき）です。

012

あいさつ 2　英5

私（わたし）は元気（げんき）です。

013

あいさつ 2　英5

私（わたし）はまあまあ
です。

014

あいさつ 2　英5

元気（げんき）です，
ありがとう。

015

あいさつ 2　英5

私（わたし）はあまり（調子（ちょうし）が）
よくありません。

016

あいさつ 1
英5
スィー ユー トゥモーロウ
See you tomorrow.
009
あいさつ 1
英5
グ(ドゥ) ナイト
Good night.
▶夜，別れるときやねる前に使うあいさつ。
010
あいさつ 2
英5
ハウ アー ユー
How are you?
▶相手の調子や気分をたずねるあいさつ。
011
あいさつ 2
英5
アイム グレイト
I'm great.
▶I'm very good. でもよい。
012
あいさつ 2
英5
アイム ファイン
I'm fine.
▶I'm good. でもよい。
013
あいさつ 2
英5
アイム オウケイ
I'm OK.
014
あいさつ 2
英5
ファイン サンキュー
Fine, thank you.
▶Good, thank you. でもよい。
015
あいさつ 2
英5
アイム ナット グッド
I'm not good.
016

あいさつ 2　英5

（あなたは）
だいじょうぶ
ですか。

017

あいさつ 2　英5

（あなたは）
つかれて
いますか。

018

あいさつ 2　英5

（あなたは）
ねむいですか。

019

あいさつ 2　英5

（あなたは）
おなかがすいて
いますか。

020

あいさつ 2　英5

私（わたし）はうれしい
です。

021

あいさつ 2　英5

私（わたし）は
悲（かな）しいです。

022

あいさつ 2　英5

私（わたし）は
いそがしい
です。

023

あいさつ 2　英5

私（わたし）は
ねむいです。

024

あいさつ 2
英5
アイム ハピィ
I'm happy.
021
あいさつ 2
英5
アイム サッド
I'm sad.
022
あいさつ 2
英5
アイム ビズィ
I'm busy.
023
あいさつ 2
英5
アイム スリーピィ
I'm sleepy.
024
あいさつ 2
英5
アー ユー オウケイ
Are you OK?
017
あいさつ 2
英5
アー ユー タイアド
Are you tired?
018
あいさつ 2
英5
アー ユー スリーピィ
Are you sleepy?
019
あいさつ 2
英5
アー ユー ハングリィ
Are you hungry?
020

あいさつ 2　英5

私(わたし)はつかれています。

025

あいさつ 2　英5

私(わたし)はおなかがすいています。

026

あいさつ 2　英5

私(わたし)はのどがかわいています。

027

あいさつ 3　英5

私(わたし)の名前(なまえ)はリサです。

028

あいさつ 3　英5

はじめまして。

029

あいさつ 3　英5

こちらこそ，はじめまして。

030

あいさつ 3　英5

あなたの名前(なまえ)は何(なん)ですか。

031

あいさつ 3　英5

私(わたし)の名前(なまえ)は佐藤(さとう)ケンです。

032

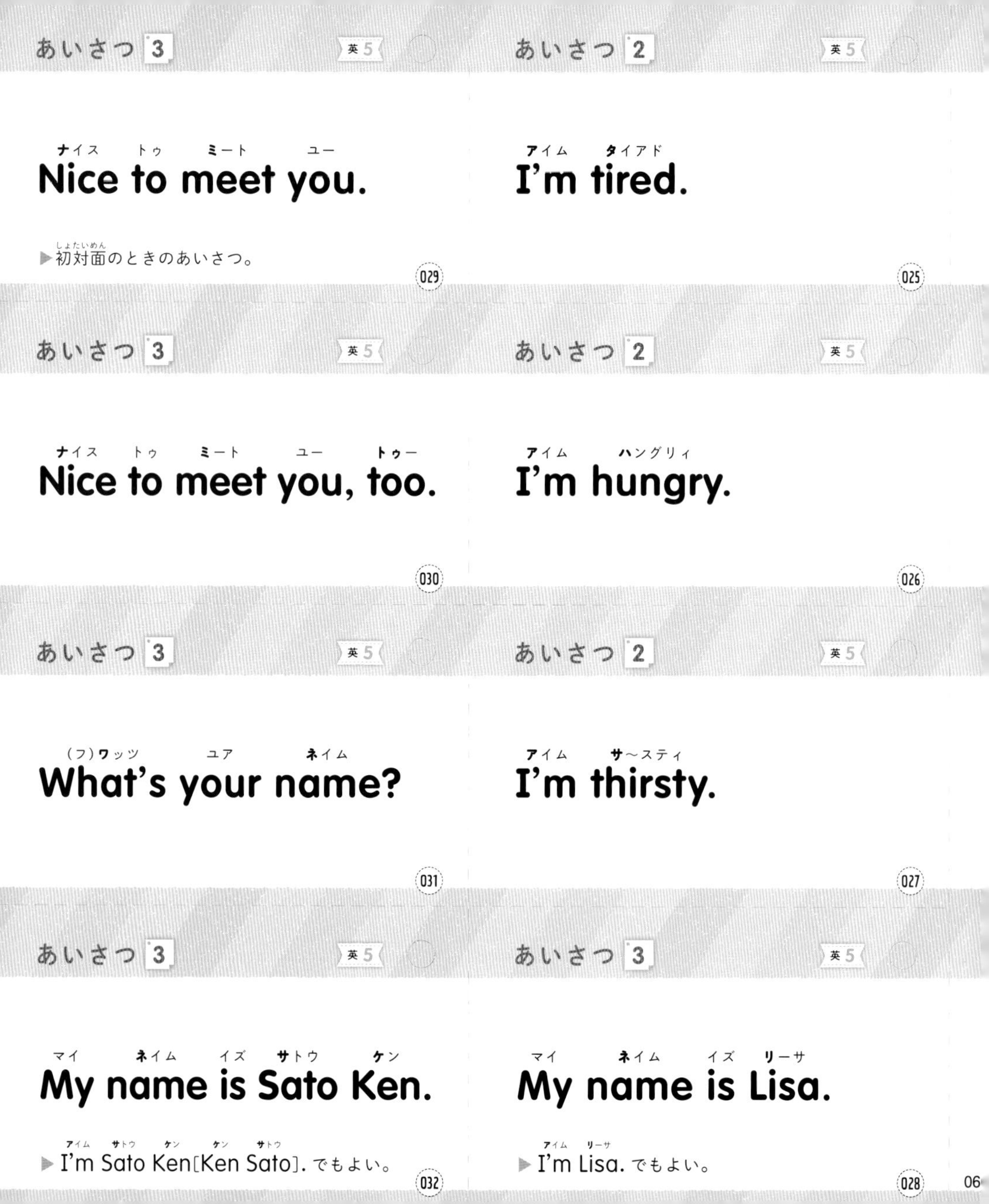

あいさつ 3　英5

ナイス　トゥ　ミート　ユー
Nice to meet you.

▶初対面(しょたいめん)のときのあいさつ。

029

あいさつ 3　英5

ナイス　トゥ　ミート　ユー　トゥー
Nice to meet you, too.

030

あいさつ 3　英5

(フ)ワッツ　ユア　ネイム
What's your name?

031

あいさつ 3　英5

マイ　ネイム　イズ　サトウ　ケン
My name is Sato Ken.

アイム　サトウ　ケン　ケン　サトウ
▶I'm Sato Ken[Ken Sato]. でもよい。

032

あいさつ 2　英5

アイム　タイアド
I'm tired.

025

あいさつ 2　英5

アイム　ハングリィ
I'm hungry.

026

あいさつ 2　英5

アイム　サ〜スティ
I'm thirsty.

027

あいさつ 3　英5

マイ　ネイム　イズ　リーサ
My name is Lisa.

アイム　リーサ
▶I'm Lisa. でもよい。

028

自己紹介 4 英5

私は
ユキです。

033

自己紹介 4 英5

私は田中
サトシです。

034

自己紹介 4 英5

私は
10さいです。

035

自己紹介 4 英5

私は
11さいです。

036

自己紹介 4 英5

私は
12さいです。

037

自己紹介 4 英5

私は東京の
出身です。

038

自己紹介 4 英5

私は大阪の
出身です。

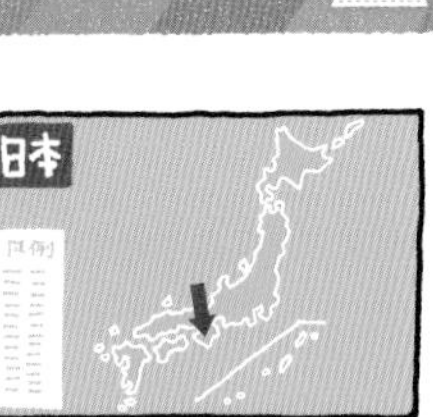

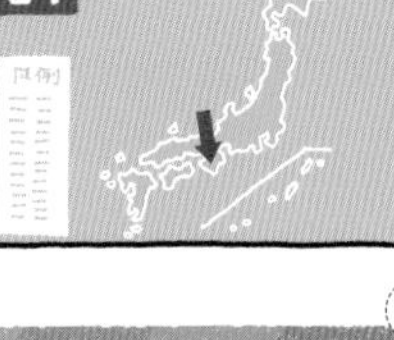

039

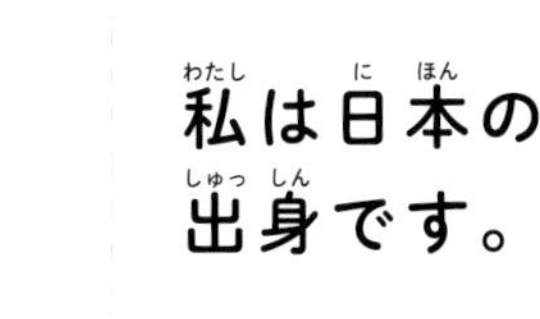

自己紹介 4 英5

私は日本の
出身です。

040

自己紹介 4 英5

アイム ユキ
I'm Yuki.

033

自己紹介 4 英5

アイム タナカ サトシ
I'm Tanaka Satoshi.

▶ 名前は〈名前→名字〉の順に言ってもよい。

034

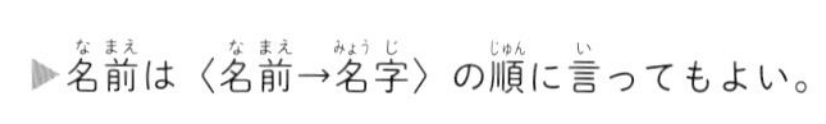

自己紹介 4 英5

アイム テン
I'm ten.

▶ I'm ten years old. でもよい。

035

自己紹介 4 英5

アイム イレヴン
I'm eleven.

▶ I'm eleven years old. でもよい。

036

自己紹介 4 英5

アイム トゥウェルヴ
I'm twelve.

▶ I'm twelve years old. でもよい。

037

自己紹介 4 英5

アイム フラム トウキョウ
I'm from Tokyo.

038

自己紹介 4 英5

アイム フラム オウサカ
I'm from Osaka.

039

自己紹介 4 英5

アイム フラム ヂャパン
I'm from Japan.

040

自己紹介(じこしょうかい) 4　英5

私(わたし)は美術部(びじゅつぶ)に入(はい)っています。

041

自己紹介(じこしょうかい) 4　英5

私(わたし)は科学部(かがくぶ)に入(はい)っています。

042

自己紹介(じこしょうかい) 4　英4

私(わたし)はサッカーが得意(とくい)です。

043

自己紹介(じこしょうかい) 4　英4

私(わたし)はバレーボールが得意(とくい)です。

044

自己紹介(じこしょうかい) 4　英4

私(わたし)は算数(さんすう)が得意(とくい)です。

045

自己紹介(じこしょうかい) 4　英4

私(わたし)は料理(りょうり)が得意(とくい)です。

046

自己紹介(じこしょうかい) 4　英4

私(わたし)はおどるのが得意(とくい)です。

047

自己紹介(じこしょうかい) 4　英4

私(わたし)はピアノをひくのが得意(とくい)です。

048

自己紹介 4
英 4
アイム グッド アト マス
I'm good at math.
045
自己紹介 4
英 4
アイム グッド アト クキング
I'm good at cooking.
046
自己紹介 4
英 4
アイム グッド アト ダンスィング
I'm good at dancing.
047
自己紹介 4
英 4
アイム グッド アト
I'm good at
プレイイング ザ ピアノウ
playing the piano.
048
自己紹介 4
英 5
アイム イン ズィ アート クラブ
I'm in the art club.
041
自己紹介 4
英 5
アイム イン ザ サイエンス クラブ
I'm in the science club.
042
自己紹介 4
英 4
アイム グッド アト サカァ
I'm good at soccer.
▶ soccer は football でもよい。
043
自己紹介 4
英 4
アイム グッド アト ヴァリボール
I'm good at volleyball.
▶ volleyball の発音に注意しましょう。
044
06

あなたの名前はどうつづるのですか。

山の上小学校 5年3組 山田太郎

049

自己紹介 5

K-E-N-T-A,
ケンタです。

KENTA

050

自己紹介 5　英5

あなたは
何さいですか。

6 7 8 9
10 11 12

051

自己紹介 5　英5

私は8さいです。

8

052

自己紹介 5　英5

私は9さいです。

9

053

自己紹介 5　英5

あなたはどこの
出身ですか。

054

自己紹介 5　英5

私は福岡の
出身です。

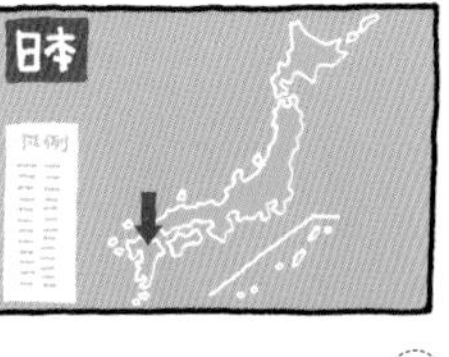

055

自己紹介 5　英5

私は北海道の
出身です。

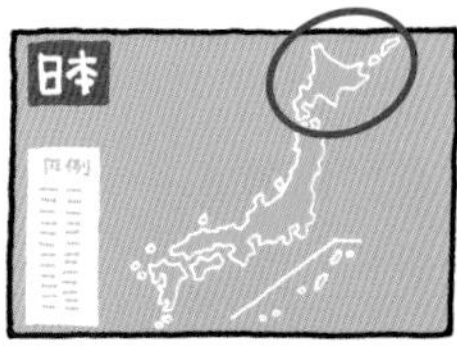

056

自己紹介 5　英5

ハウ　ドゥ　ユー　スペル　ユア　ネイム
How do you spell your name?

▶アルファベットでの書き方をたずねる言い方。

049

自己紹介 5

ケイ　イー　エン　ティー　エイ　ケンタ
K-E-N-T-A, Kenta.

050

自己紹介 5　英5

ハウ　オウルド　アー　ユー
How old are you?

051

自己紹介 5　英5

アイム　エイト
I'm eight.

▶I'm eight years old. でもよい。

052

自己紹介 5　英5

アイム　ナイン
I'm nine.

▶I'm nine years old. でもよい。

053

自己紹介 5　英5

(フ)ウェア　アー　ユー　フラム
Where are you from?

054

自己紹介 5　英5

アイム　フラム　フクオカ
I'm from Fukuoka.

055

自己紹介 5　英5

アイム　フラム　ホッカイドウ
I'm from Hokkaido.

056

自己紹介 6 英5

私は野球が
好きです。

057

自己紹介 6 英5

私は
バドミントンが
好きです。

058

自己紹介 6 英5

私は青が
好きです。

059

自己紹介 6 英5

私は赤が
好きです。

060

自己紹介 6 英5

私は犬が
好きです。

061

自己紹介 6 英5

私はうさぎ
が好きです。

062

自己紹介 6 英5

私はバナナが
好きです。

063

自己紹介 6 英5

私は果物が
好きです。

064

じこしょうかい
自己紹介 6
英 5
アイ ライク ド(ー)グズ
I like dogs.
061
自己紹介 6
英 5
アイ ライク ラビツ
I like rabbits.
062
自己紹介 6
英 5
アイ ライク バナナズ
I like bananas.
063
自己紹介 6
英 5
アイ ライク フルート
I like fruit.
064
自己紹介 6
英 5
アイ ライク ベイスボール
I like baseball.
057
自己紹介 6
英 5
アイ ライク バドゥミントゥン
I like badminton.
058
自己紹介 6
英 5
アイ ライク ブルー
I like blue.
059
自己紹介 6
英 5
アイ ライク レッド
I like red.
060

自己紹介 6　英5

私は
ホットケーキ
が好きです。

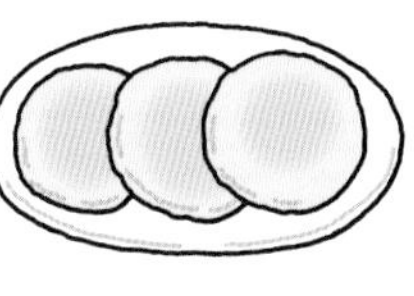

065

自己紹介 6　英5

私は
ハンバーガー
が好きです。

066

自己紹介 6　英5

私は音楽が
好きです。

067

自己紹介 6　英5

私は英語が
好きです。

068

自己紹介 6　英5

私はにんじんが
好きでは
ありません。

069

自己紹介 6　英5

私は水泳が
好きでは
ありません。

070

自己紹介 6　英5

私はくもが
好きでは
ありません。

071

自己紹介 6　英5

私は牛乳が
好きでは
ありません。

072

自己紹介 6 英5

アイ ドウント ライク キャロツ
I don't like carrots.

069

自己紹介 6 英5

アイ ドウント ライク スウィミング
I don't like swimming.

070

自己紹介 6 英5

アイ ドウント ライク スパイダァズ
I don't like spiders.

071

自己紹介 6 英5

アイ ドウント ライク ミルク
I don't like milk.

072

自己紹介 6 英5

アイ ライク パンケイクス
I like pancakes.

065

自己紹介 6 英5

アイ ライク ハンバ～ガァズ
I like hamburgers.

066

自己紹介 6 英5

アイ ライク ミューズィク
I like music.

067

自己紹介 6 英5

アイ ライク イングリシ
I like English.

068

自己紹介 7　英5

私はテニスを
します。

073

自己紹介 7　英5

私は
サッカーを
します。

074

自己紹介 7　英5

私はピアノを
ひきます。

075

自己紹介 7　英5

私は
リコーダーを
ふきます。

076

自己紹介 7　英5

私は
バスケットボール
をしません。

077

自己紹介 7　英5

私は卓球を
しません。

078

自己紹介 7　英5

私は
バイオリンを
ひきません。

079

自己紹介 7　英5

私はギターを
ひきません。

080

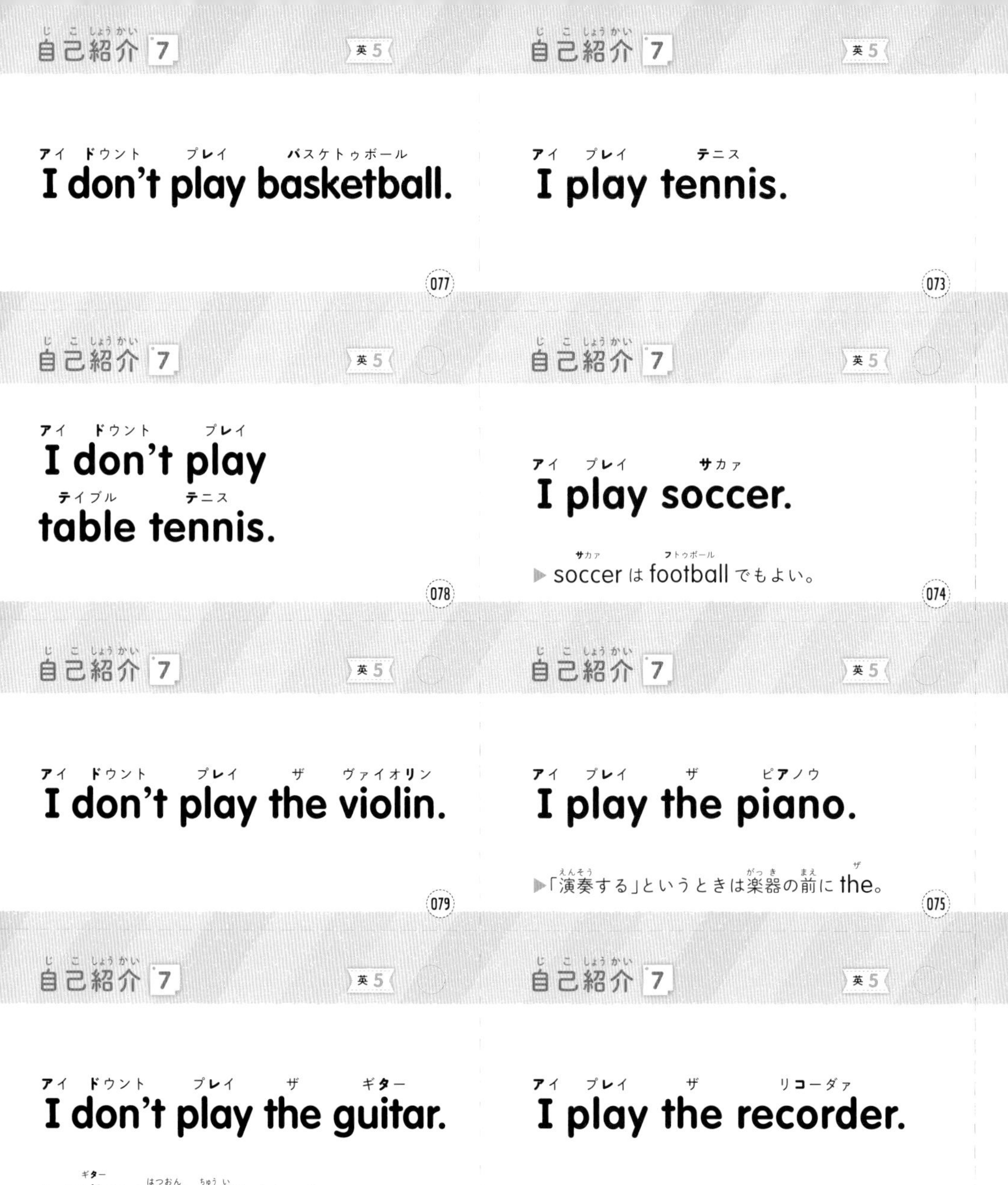

自己紹介 7
英5
アイ ドウント プレイ バスケトゥボール
I don't play basketball.
077
自己紹介 7
英5
アイ ドウント プレイ
I don't play
テイブル テニス
table tennis.
078
自己紹介 7
英5
アイ ドウント プレイ ザ ヴァイオリン
I don't play the violin.
079
自己紹介 7
英5
アイ ドウント プレイ ザ ギター
I don't play the guitar.
▶ guitar の発音に注意しましょう。
080
自己紹介 7
英5
アイ プレイ テニス
I play tennis.
073
自己紹介 7
英5
アイ プレイ サカァ
I play soccer.
▶ soccer は football でもよい。
074
自己紹介 7
英5
アイ プレイ ザ ピアノウ
I play the piano.
▶「演奏する」というときは楽器の前に the。
075
自己紹介 7
英5
アイ プレイ ザ リコーダァ
I play the recorder.
076

自己紹介 8 英5

私は
赤い自転車を
持っています。

081

自己紹介 8 英5

私は
ラケットを
持っています。

082

自己紹介 8 英5

私は
うで時計を
持っています。

083

自己紹介 8 英5

私は
かばんを２つ
持っています。

084

自己紹介 8 英5

私はまんが本を
10冊持って
います。

085

自己紹介 8 英5

私は
うで時計を
持っていません。

086

自己紹介 8 英5

私には姉[妹]が
１人います。

087

自己紹介 8 英5

私には兄弟が
２人います。

088

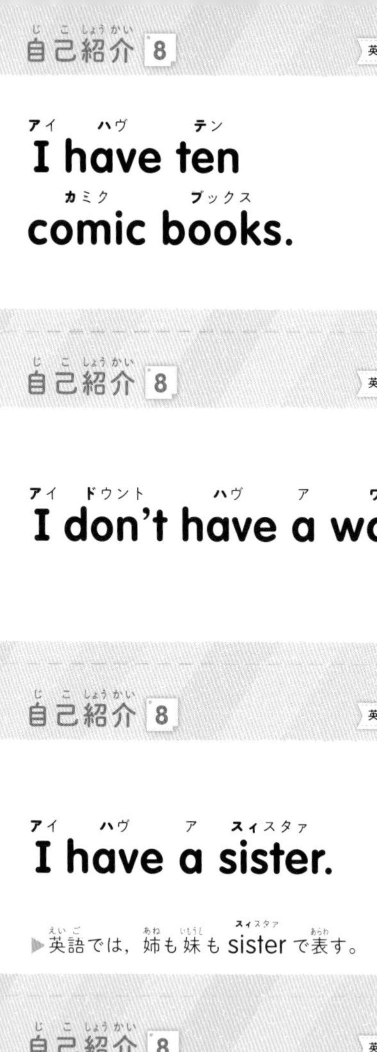

自己紹介（じこしょうかい） 8　英5

アイ　ハヴ　ア　レッド　バイク
I have a red bike.

▶ bike（バイク） は bicycle（バイスィクル） でもよい。

081

自己紹介（じこしょうかい） 8　英5

アイ　ハヴ　ア　ラケト
I have a racket.

082

自己紹介（じこしょうかい） 8　英5

アイ　ハヴ　ア　ワッチ
I have a watch.

083

自己紹介（じこしょうかい） 8　英5

アイ　ハヴ　トゥー　バッグズ
I have two bags.

084

自己紹介（じこしょうかい） 8　英5

アイ　ハヴ　テン　カミク　ブックス
I have ten comic books.

085

自己紹介（じこしょうかい） 8　英5

アイ　ドウント　ハヴ　ア　ワッチ
I don’t have a watch.

086

自己紹介（じこしょうかい） 8　英5

アイ　ハヴ　ア　スィスタァ
I have a sister.

▶ 英語（えいご）では，姉（あね）も妹（いもうと）も sister（スィスタァ） で表（あらわ）す。

087

自己紹介（じこしょうかい） 8　英5

アイ　ハヴ　トゥー　ブラザァズ
I have two brothers.

▶ 英語（えいご）では，兄（あに）も弟（おとうと）も brother（ブラザァ） で表（あらわ）す。

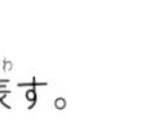

088

自己紹介 8

英5

私はねこを1ぴき飼っています。

089

自己紹介 8

英5

私は犬を飼っていません。

090

自己紹介 9

英5

あなたはねこが好きですか。
ーはい，好きです。

091

自己紹介 9

英5

あなたは鳥が好きですか。
ーいいえ，好きではありません。

092

自己紹介 9

英5

あなたはりんごが好きですか。
ーはい，好きです。

093

自己紹介 9

英5

あなたはぶどうが好きですか。
ーいいえ，好きではありません。

094

自己紹介 9

英5

あなたはバレーボールをしますか。
ーはい，します。

095

自己紹介 9

英5

あなたは卓球をしますか。
ーいいえ，しません。

096

じこしょうかい
自己紹介 9 英5

ドゥ ユー ライク アプルズ
Do you like apples?
イェス アイ ドゥー
— Yes, I do.

093

じこしょうかい
自己紹介 9 英5

ドゥ ユー ライク グレイプス
Do you like grapes?
ノウ アイ ドウント
— No, I don't.

094

じこしょうかい
自己紹介 9 英5

ドゥ ユー プレイ ヴァリボール
Do you play volleyball?
イェス アイ ドゥー
— Yes, I do.

095

じこしょうかい
自己紹介 9 英5

ドゥ ユー プレイ テイブル テニス
Do you play table tennis?
ノウ アイ ドウント
— No, I don't.

096

じこしょうかい
自己紹介 8 英5

アイ ハヴ ア キャット
I have a cat.

089

じこしょうかい
自己紹介 8 英5

アイ ドウント ハヴ ア ド(ー)グ
I don't have a dog.

090

じこしょうかい
自己紹介 9 英5

ドゥ ユー ライク キャッツ
Do you like cats?
イェス アイ ドゥー
— Yes, I do.

091

じこしょうかい
自己紹介 9 英5

ドゥ ユー ライク バ～ヅ
Do you like birds?
ノウ アイ ドウント
— No, I don't.

092

自己紹介(じこしょうかい) 9　英5

あなたはコンピューターを持(も)っていますか。
―はい，持(も)っています。

097

自己紹介(じこしょうかい) 9　英5

あなたはテレビゲームを持(も)っていますか。
―いいえ，持(も)っていません。

098

自己紹介(じこしょうかい) 10　英5

あなたは
何色(なにいろ)が
好(す)きですか。

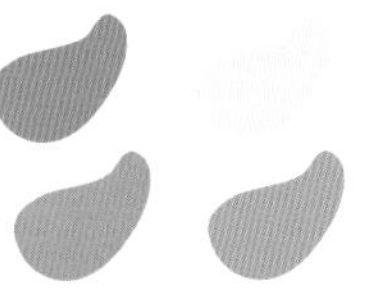

099

自己紹介(じこしょうかい) 10　英5

私(わたし)はピンクが
好(す)きです。

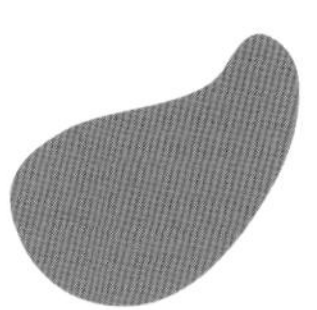

100

自己紹介(じこしょうかい) 10　英5

あなたは
何(なん)の教科(きょうか)が
好(す)きですか。

101

自己紹介(じこしょうかい) 10　英5

私(わたし)は国語(こくご)が
好(す)きです。

102

自己紹介(じこしょうかい) 10　英5

あなたは
何(なん)の動物(どうぶつ)が
好(す)きですか。

103

自己紹介(じこしょうかい) 10　英5

私(わたし)はパンダが
好(す)きです。

104

じこしょうかい
自己紹介 9　英5

ドゥ ユー ハヴ ア コンピュータァ
Do you have a computer?
イェス アイ ドゥー
— Yes, I do.

097

じこしょうかい
自己紹介 9　英5

ドゥ ユー ハヴ ア ヴィディオウ ゲイム
Do you have a video game?
ノウ アイ ドウント
— No, I don't.

098

じこしょうかい
自己紹介 10　英5

(フ)ワット カラァ ドゥ ユー ライク
What color do you like?

(フ)ワット カラァズ ドゥ ユー ライク
▶ What colors do you like? でもよい。

099

じこしょうかい
自己紹介 10　英5

アイ ライク ピンク
I like pink.

100

じこしょうかい
自己紹介 10　英5

(フ)ワット サブヂェクト ドゥ ユー ライク
What subject do you like?

(フ)ワット サブヂェクツ ドゥ ユー ライク
▶ What subjects do you like? でもよい。

101

じこしょうかい
自己紹介 10　英5

アイ ライク チャパニーズ
I like Japanese.

102

じこしょうかい
自己紹介 10　英5

(フ)ワット アニマル ドゥ ユー ライク
What animal do you like?

(フ)ワット アニマルズ ドゥ ユー ライク
▶ What animals do you like? でもよい。

103

じこしょうかい
自己紹介 10　英5

アイ ライク パンダズ
I like pandas.

104

自己紹介(じこしょうかい) 10　英5

あなたは
何(なん)の果物(くだもの)が
好(す)きですか。

105

自己紹介(じこしょうかい) 10　英5

私(わたし)はオレンジが
好(す)きです。

106

自己紹介(じこしょうかい) 10　英5

あなたは
何(なん)のスポーツ
が好(す)きですか。

107

自己紹介(じこしょうかい) 10　英5

私(わたし)は
バドミントン
が好(す)きです。

108

自己紹介(じこしょうかい) 10　英5

あなたは
何(なん)の野菜(やさい)が
好(す)きですか。

109

自己紹介(じこしょうかい) 10　英5

私(わたし)はトマトが
好(す)きです。

110

自己紹介(じこしょうかい) 10　英5

あなたは
何(なん)の食(た)べ物(もの)が
好(す)きですか。

111

自己紹介(じこしょうかい) 10　英5

私(わたし)は
カレーライスが
好(す)きです。

112

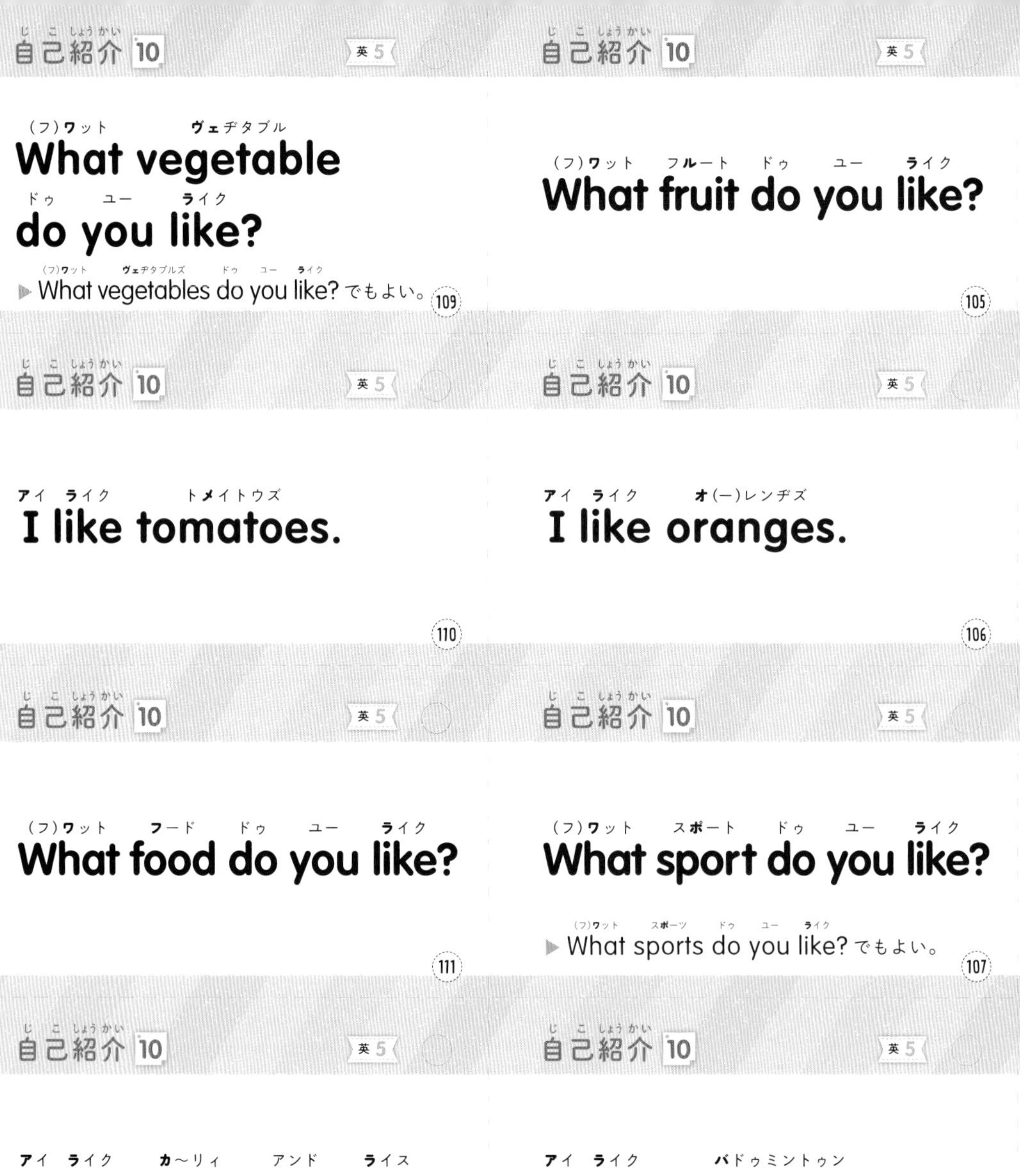
自己紹介 10
英5
What vegetable do you like?
What vegetables do you like? でもよい。
109
自己紹介 10
英5
I like tomatoes.
110
自己紹介 10
英5
What food do you like?
111
自己紹介 10
英5
I like curry and rice.
112
自己紹介 10
英5
What fruit do you like?
105
自己紹介 10
英5
I like oranges.
106
自己紹介 10
英5
What sport do you like?
What sports do you like? でもよい。
107
自己紹介 10
英5
I like badminton.
badminton の発音に注意しましょう。
108

自己紹介(じこしょうかい) 10　英5

あなたは
どの季節(きせつ)が
好(す)きですか。

113

自己紹介(じこしょうかい) 10　英5

私(わたし)は春(はる)が
好(す)きです。

114

誕生日(たんじょうび) 11　英5

あなたの
誕生日(たんじょうび)は
いつですか。

115

誕生日(たんじょうび) 11　英5

私(わたし)の誕生日(たんじょうび)は
1月(がつ)1日(ついたち)です。

116

誕生日(たんじょうび) 11　英5

私(わたし)の誕生日(たんじょうび)は
2月(がつ)2日(ふつか)です。

117

誕生日(たんじょうび) 11　英5

私(わたし)の誕生日(たんじょうび)は
3月(がつ)3日(みっか)です。

118

誕生日(たんじょうび) 11　英5

私(わたし)の誕生日(たんじょうび)は
4月(がつ)4日(よっか)です。

119

誕生日(たんじょうび) 11　英5

私(わたし)の誕生日(たんじょうび)は
5月(がつ)15日(にち)です。

120

じこしょうかい
自己紹介 10 英5

(フ)ワット スィーズン
What season
ドゥ ユー ライク
do you like?

113

じこしょうかい
自己紹介 10 英5

アイ ライク スプリング
I like spring.

114

たんじょうび
誕生日 11 英5

(フ)ウェン イズ ユア バ〜スデイ
When is your birthday?

115

たんじょうび
誕生日 11 英5

マイ バ〜スデイ イズ
My birthday is
ヂャニュエリィ ファ〜スト
January 1st.

116

たんじょうび
誕生日 11 英5

マイ バ〜スデイ イズ
My birthday is
フェブルエリィ セカンド
February 2nd.

117

たんじょうび
誕生日 11 英5

マイ バ〜スデイ イズ マーチ
My birthday is March
サ〜ド
3rd.

118

たんじょうび
誕生日 11 英5

マイ バ〜スデイ イズ エイプリル
My birthday is April
フォース
4th.

119

たんじょうび
誕生日 11 英5

マイ バ〜スデイ イズ メイ
My birthday is May
フィフティーンス
15th.

120

誕生日(たんじょうび) 11　英5

私(わたし)の誕生日(たんじょうび)は
6月(がつ)12日(にち)です。

121

誕生日(たんじょうび) 11　英5

私(わたし)の誕生日(たんじょうび)は
7月(がつ)18日(にち)です。

7
18

122

誕生日(たんじょうび) 11　英5

私(わたし)の誕生日(たんじょうび)は
8月(がつ)20日(はつか)です。

123

誕生日(たんじょうび) 11　英5

私(わたし)の誕生日(たんじょうび)は
9月(がつ)22日(にち)です。

124

誕生日(たんじょうび) 11　英5

私(わたし)の誕生日(たんじょうび)は
10月(がつ)24日(か)です。

125

誕生日(たんじょうび) 11　英5

私(わたし)の誕生日(たんじょうび)は
11月(がつ)29日(にち)です。

126

誕生日(たんじょうび) 11　英5

私(わたし)の誕生日(たんじょうび)は
12月(がつ)30日(にち)です。

127

誕生日(たんじょうび) 12　英5

私(わたし)は自転車(じてんしゃ)が
ほしいです。

128

たんじょうび
誕生日 11 英5

マイ バ～スデイ イズ
My birthday is
アクトウバァ トゥウェンティフォース
October 24th.

125

たんじょうび
誕生日 11 英5

マイ バ～スデイ イズ
My birthday is
ノ(ウ)ヴェンバァ トゥウェンティナインス
November 29th.

126

たんじょうび
誕生日 11 英5

マイ バ～スデイ イズ
My birthday is
ディセンバァ サ～ティエス
December 30th.

127

たんじょうび
誕生日 12 英5

アイ ワント ア バイク
I want a bike.

▶ bike(バイク) は bicycle(バイスィクル) でもよい。

128

たんじょうび
誕生日 11 英5

マイ バ～スデイ イズ チューン
My birthday is June
トゥウェルフス
12th.

121

たんじょうび
誕生日 11 英5

マイ バ～スデイ イズ チュライ
My birthday is July
エイティーンス
18th.

122

たんじょうび
誕生日 11 英5

マイ バ～スデイ イズ オーガスト
My birthday is August
トゥウェンティエス
20th.

123

たんじょうび
誕生日 11 英5

マイ バ～スデイ イズ
My birthday is
セプテンバァ トゥウェンティセカンド
September 22nd.

124

誕生日 12 英5

私はかばんが
ほしいです。

129

誕生日 12 英5

私は
サッカーボールが
ほしいです。

130

誕生日 12 英5

私はコートが
ほしいです。

131

誕生日 12 英5

〈注文して〉
オレンジジュース
をお願いします。

132

誕生日 12 英5

りんごを２つお願いします。
ー承知しました。

133

誕生日 13 英5

あなたは携帯電話がほしいですか。
ーはい，ほしいです。

134

誕生日 13 英5

あなたはカメラがほしいですか。
ーいいえ，ほしくありません。

135

誕生日 13 英5

あなたは
誕生日に何が
ほしいですか。

136

たんじょうび
誕生日 12　英 5

アイ ワント トゥー アプルズ プリーズ
I want two apples, please.

シュア
— Sure.

トゥー アプルズ プリーズ
▶ Two apples, please. でもよい。

133

たんじょうび
誕生日 13　英 5

ドゥ ユー ワント ア セルフォウン
Do you want a cellphone?

イェス アイ ドゥー
— Yes, I do.

134

たんじょうび
誕生日 13　英 5

ドゥ ユー ワント ア キャメラ
Do you want a camera?

ノウ アイ ドウント
— No, I don't.

135

たんじょうび
誕生日 13　英 5

(フ)ワット ドゥ ユー ワント フォ
What do you want for

ユア バ～スデイ
your birthday?

136

たんじょうび
誕生日 12　英 5

アイ ワント ア バッグ
I want a bag.

129

たんじょうび
誕生日 12　英 5

アイ ワント ア サカァ ボール
I want a soccer ball.

130

たんじょうび
誕生日 12　英 5

アイ ワント ア コウト
I want a coat.

131

たんじょうび
誕生日 12　英 5

アイ ワント アン オ(ー)レンヂ ヂュース
I want an orange juice,

プリーズ
please.

アン オ(ー)レンヂ ヂュース プリーズ
▶ An orange juice, please. でもよい。

132

誕生日 13　英5

私は新しい
ゲームが
ほしいです。

137

誕生日 13　英5

あなたは
クリスマスに
何がほしいですか。

138

誕生日 14　英5

お誕生日
おめでとう。

139

誕生日 14　英5

〈プレゼントを手わたして〉
これは
あなたにです。

140

誕生日 14　英5

〈ものを手わたして〉
はい，どうぞ。

141

誕生日 14　英5

ありがとう。

142

誕生日 14　英5

どうも
ありがとう。

143

誕生日 14　英5

どういたし
まして。

144

誕生日 14　英5

ヒア　ユ　アー
Here you are.

ものを手わたすときに言う。

141

誕生日 14　英5

サンキュー
Thank you.

サンクス
Thanks. でもよい。

142

誕生日 14　英5

サンキュー　ヴェリィ　マッチ
Thank you very much.

143

誕生日 14　英5

ユ(ー)ア　ウェルカム
You’re welcome.

ナット　アト　オール
Not at all. などでもよい。

144

誕生日 13　英5

アイ　ワント　ア　ニュー　ゲイム
I want a new game.

137

誕生日 13　英5

(フ)ワット　ドゥ　ユー　ワント　フォ　クリスマス
What do you want for Christmas?

138

誕生日 14　英5

ハピィ　バ～スデイ
Happy birthday.

139

誕生日 14　英5

ズィス　イズ　フォ　ユー
This is for you.

プレゼントなどを相手に手わたすときに言う。

140

日常生活(にちじょうせいかつ) 15 英5

天気(てんき)は
どうですか。

145

日常生活(にちじょうせいかつ) 15 英5

晴(は)れています。

146

日常生活(にちじょうせいかつ) 15 英5

くもって
います。

147

日常生活(にちじょうせいかつ) 15 英5

雨(あめ)が降(ふ)って
います。

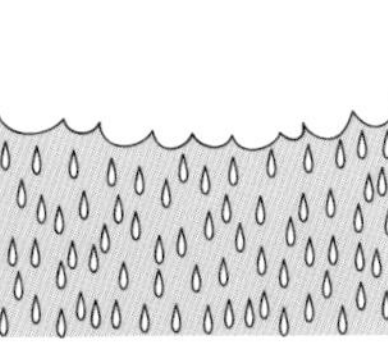

148

日常生活(にちじょうせいかつ) 15 英5

雪(ゆき)が降(ふ)って
います。

149

日常生活(にちじょうせいかつ) 15 英5

風(かぜ)が強(つよ)い
です。

150

日常生活(にちじょうせいかつ) 15 英5

暑(あつ)いです。

151

日常生活(にちじょうせいかつ) 15 英5

寒(さむ)いです。

152

にちじょうせいかつ
日常生活 15 英5

ハウズ ザ ウェザァ
How's the weather?

145

にちじょうせいかつ
日常生活 15 英5

イッツ サニィ
It's sunny.

▶ イッツ ファイン
It's fine. でもよい。

146

にちじょうせいかつ
日常生活 15 英5

イッツ クラウディ
It's cloudy.

147

にちじょうせいかつ
日常生活 15 英5

イッツ レイニィ
It's rainy.

148

にちじょうせいかつ
日常生活 15 英5

イッツ スノウイ
It's snowy.

149

にちじょうせいかつ
日常生活 15 英5

イッツ ウィンディ
It's windy.

150

にちじょうせいかつ
日常生活 15 英5

イッツ ハット
It's hot.

151

にちじょうせいかつ
日常生活 15 英5

イッツ コウルド
It's cold.

152

日常生活(にちじょうせいかつ) 15　英5

今日(きょう)は
何曜日(なんようび)ですか。

153

日常生活(にちじょうせいかつ) 15　英5

月曜日(げつようび)です。

154

日常生活(にちじょうせいかつ) 15　英5

火曜日(かようび)です。

155

日常生活(にちじょうせいかつ) 15　英5

水曜日(すいようび)です。

156

日常生活(にちじょうせいかつ) 15　英5

木曜日(もくようび)です。

157

日常生活(にちじょうせいかつ) 15　英5

金曜日(きんようび)です。

158

日常生活(にちじょうせいかつ) 15　英5

土曜日(どようび)です。

159

日常生活(にちじょうせいかつ) 15　英5

日曜日(にちようび)です。

160

日常生活 15　英5

(フ)ワット　デイ　イズ　イット　トゥデイ
What day is it today?

153

日常生活 15　英5

イッツ　マンデイ
It's Monday.

154

日常生活 15　英5

イッツ　テューズデイ
It's Tuesday.

155

日常生活 15　英5

イッツ　ウェンズデイ
It's Wednesday.

156

日常生活 15　英5

イッツ　サ～ズデイ
It's Thursday.

157

日常生活 15　英5

イッツ　フライデイ
It's Friday.

158

日常生活 15　英5

イッツ　サタデイ
It's Saturday.

159

日常生活 15　英5

イッツ　サンデイ
It's Sunday.

160

今日は何月何日ですか。

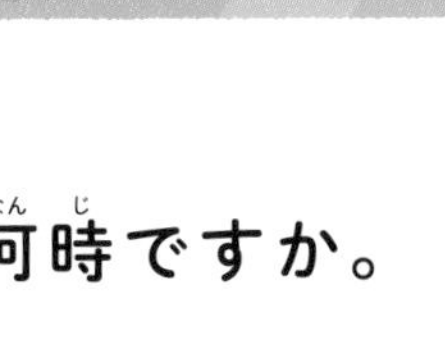

161

4月2日です。

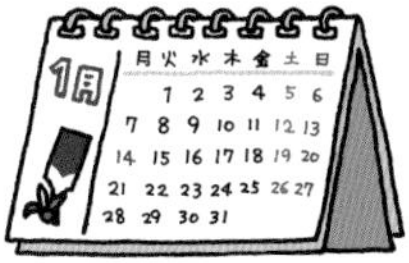

162

8月13日です。

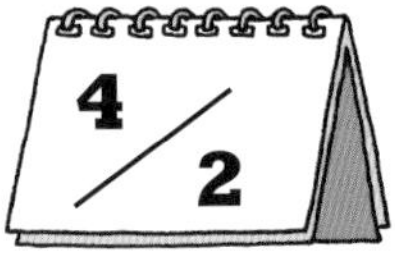

163

12月25日です。

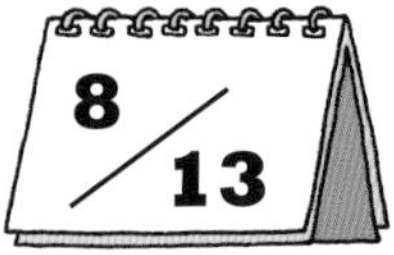

164

何時ですか。

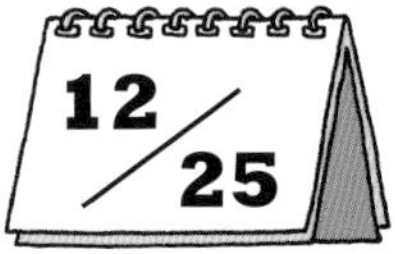

165

1時です。

166

3時15分です。

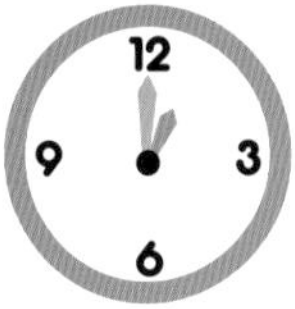

167

5時30分です。

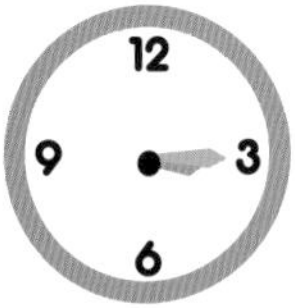

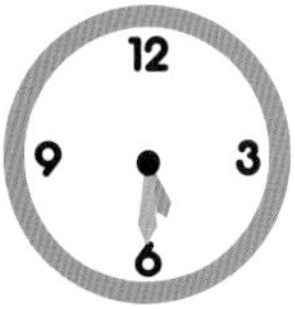

168

日常生活 16 英 5

(フ)ワット タイム イズ イット
What time is it?

165

日常生活 16 英 5

イッツ ワン
It's 1:00.

166

日常生活 16 英 5

イッツ スリー フィフティーン
It's 3:15.

▶時刻(じこく)は〈時(じ)＋分(ふん)〉の順(じゅん)に数(かず)を言(い)う。

167

日常生活 16 英 5

イッツ ファイヴ サ～ティ
It's 5:30.

168

日常生活 16 英 5

(フ)ワッツ ザ デイト トゥデイ
What's the date today?

(フ)ワット デイト イズ イット トゥデイ
▶What date is it today? でもよい。

161

日常生活 16 英 5

イッツ エイプリル セカンド
It's April 2nd.

162

日常生活 16 英 5

イッツ オーガスト サ～ティーンス
It's August 13th.

163

日常生活 16 英 5

イッツ ディセンバァ トゥウェンティフィフス
It's December 25th.

164

日常生活 16　英5

7時45分です。

169

日常生活 16　英5

11時10分です。

170

日常生活 17　英5

あなたは
何時に
起きますか。

171

日常生活 17　英5

私は6時に
起きます。

172

日常生活 17　英5

あなたは
何時に
ねますか。

173

日常生活 17　英5

私は9時30分
にねます。

174

日常生活 17　英5

私は7時に
朝食を
食べます。

175

日常生活 17　英5

私は7時40分
に歯をみがき
ます。

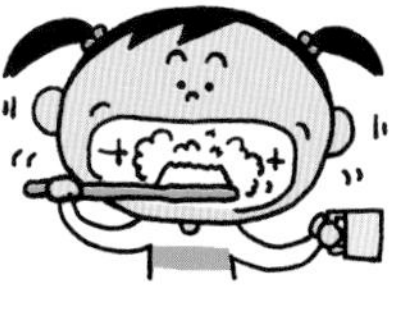

176

にちじょうせいかつ
日常生活 17 英5

(フ)ワット タイム ドゥ ユー
What time do you
ゴウ トゥ ベッド
go to bed?

173

にちじょうせいかつ
日常生活 17 英5

アイ ゴウ トゥ ベッド アト ナイン サ～ティ
I go to bed at 9:30.

174

にちじょうせいかつ
日常生活 17 英5

アイ ハヴ ブレクファスト
I have breakfast
アト セヴン
at 7:00.

▶ have(ハヴ) は eat(イート) でもよい。

175

にちじょうせいかつ
日常生活 17 英5

アイ ブラシ マイ ティース
I brush my teeth
アト セヴン フォーティ
at 7:40.

176

にちじょうせいかつ
日常生活 16 英5

イッツ セヴン フォーティファイヴ
It's 7:45.

169

にちじょうせいかつ
日常生活 16 英5

イッツ イレヴン テン
It's 11:10.

170

にちじょうせいかつ
日常生活 17 英5

(フ)ワット タイム ドゥ ユー
What time do you
ゲット アップ
get up?

171

にちじょうせいかつ
日常生活 17 英5

アイ ゲット アップ アト スィックス
I get up at 6:00.

172

日常生活 17 英5

私は8時に
学校へ行きます。

177

日常生活 17 英5

私は
12時40分に
昼食を食べます。

178

日常生活 17 英5

私は
3時に家に
帰ります。

179

日常生活 17 英5

私は
4時に宿題を
します。

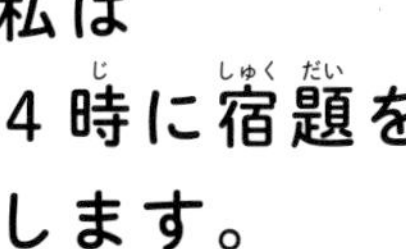

180

日常生活 17 英5

私は
6時30分に
夕食を食べます。

181

日常生活 17 英5

私は
7時にテレビ
を見ます。

182

日常生活 17 英5

私は
8時に入浴
します。

183

日常生活 18 英5

あなたは
月曜日には
何をしますか。

月

184

日常生活 17 英5

アイ　ハヴ　ディナァ　アトスィックスサ～ティ
I have dinner at 6:30.

▶ have（ハヴ）は eat（イート）でもよい。

181

日常生活 17 英5

アイ　ワッチ　ティーヴィー　アト　セヴン
I watch TV at 7:00.

182

日常生活 17 英5

アイ　テイク　ア　バス
I take a bath
アト　エイト
at 8:00.

183

日常生活 18 英5

(フ)ワット　ドゥ　ユー　ドゥー
What do you do
オン　マンデイズ
on Mondays?

184

日常生活 17 英5

アイ　ゴウ　トゥ　スクール
I go to school
アト　エイト
at 8:00.

177

日常生活 17 英5

アイ　ハヴ　ランチ　アトトゥウェルヴフォーティ
I have lunch at 12:40.

▶ have（ハヴ）は eat（イート）でもよい。

178

日常生活 17 英5

アイ　ゴウ　ホウム　アト　スリー
I go home at 3:00.

179

日常生活 17 英5

アイ　ドゥー　マイ　ホウムワ～ク
I do my homework
アト　フォー
at 4:00.

180

日常生活 18 英5

私は野球を
します。

185

日常生活 18 英5

あなたは
火曜日には
何をしますか。

火

186

日常生活 18 英5

私は塾に
行きます。

187

日常生活 18

〈時間割をたずねて〉
あなたは
金曜日には何が
ありますか。

188

日常生活 18

私は算数が
あります。

189

日常生活 18

〈時間割をたずねて〉
あなたは
水曜日には何が
ありますか。

水

190

日常生活 18

私は
国語と音楽
があります。

191

日常生活 18

私は木曜日には
図画工作，体育，
社会があります。

192

にちじょうせいかつ
日常生活 18 英5

アイ　プレイ　ベイスボール
I play baseball.

185

にちじょうせいかつ
日常生活 18 英5

(フ)ワット　ドゥ　ユー　ドゥー
What do you do
オン　テューズデイズ
on Tuesdays?

186

にちじょうせいかつ
日常生活 18 英5

アイ　ゴウ　トゥ　ジュク
I go to *juku*.

ジュク　クラム　スクール
▶ *juku* は cram school でもよい。

187

にちじょうせいかつ
日常生活 18

(フ)ワット　ドゥ　ユー　ハヴ
What do you have
オン　フライデイズ
on Fridays?

188

にちじょうせいかつ
日常生活 18

アイ　ハヴ　マス
I have math.

189

にちじょうせいかつ
日常生活 18

(フ)ワット　ドゥ　ユー　ハヴ
What do you have
オン　ウェンズデイズ
on Wednesdays?

190

にちじょうせいかつ
日常生活 18

アイ　ハヴ　ヂャパニーズ　アンド
I have Japanese and
ミューズィク
music.

191

にちじょうせいかつ
日常生活 18

アイ　ハヴ　アーツ　アンド　クラフツ
I have arts and crafts,
ピーイー　アンド　ソウシャル　スタディズ
P.E., and social studies
オン　サ～ズデイズ
on Thursdays.

192

日常生活 19 英5

あなたは食器を洗いますか。
―はい，洗います。

193

日常生活 19 英5

あなたは食卓の用意をしますか。
―いいえ，しません。

194

日常生活 19 英5

あなたはごみを外に出しますか。
―はい，出します。

195

日常生活 19 英5

あなたは買い物に行きますか。
―いいえ，行きません。

196

日常生活 19 英5

私はいつも犬の散歩をします。

197

日常生活 19 英5

私はいつも通学かばんを確認します。

198

日常生活 19 英5

私は日曜日にはいつもサッカーをします。

199

日常生活 19 英5

私はたいてい新聞を取りに行きます。

200

にち じょう せい かつ
日常生活 19 英5

アイ オールウェズ ウォーク マイ ド(ー)グ
I always walk my dog.

197

日常生活 19 英5

アイ オールウェズ チェック
I always check
マイ スクール バッグ
my school bag.

198

日常生活 19 英5

アイ オールウェズ プレイ サカァ
I always play soccer
オン サンデイズ
on Sundays.

▶ soccer（サカァ）は football（フトゥボール）でもよい。

199

日常生活 19 英5

アイ ユージュアリィ ゲット ザ
I usually get the
ニューズペイパァ
newspaper.

200

日常生活 19 英5

ドゥ ユー ワッシ ザ ディッシィズ
Do you wash the dishes?
イェス アイ ドゥー
— Yes, I do.

193

日常生活 19 英5

ドゥ ユー セット ザ テイブル
Do you set the table?
ノウ アイ ドウント
— No, I don't.

194

日常生活 19 英5

ドゥ ユー テイク アウト ザ
Do you take out the
ガーベヂ
garbage?
イェス アイ ドゥー
— Yes, I do.

195

日常生活 19 英5

ドゥ ユー ゴウ シャピング
Do you go shopping?
ノウ アイ ドウント
— No, I don't.

196

日常生活(にちじょうせいかつ) 19 英5

私(わたし)はたいてい
家(いえ)をそうじ
します。

201

日常生活(にちじょうせいかつ) 19 英5

私(わたし)はときどき
夕食(ゆうしょく)を
作(つく)ります。

202

日常生活(にちじょうせいかつ) 19 英5

私(わたし)はときどき
買(か)い物(もの)に
行(い)きます。

203

日常生活(にちじょうせいかつ) 19 英5

私(わたし)は決(けっ)して
自分(じぶん)の部屋(へや)を
そうじしません。

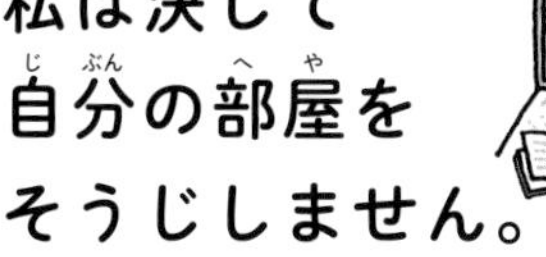

204

できること 20 英5

私(わたし)は
泳(およ)げます。

205

できること 20 英5

私(わたし)は速(はや)く
走(はし)れます。

206

できること 20 英5

私(わたし)は高(たか)く
ジャンプ
できます。

207

できること 20 英5

私(わたし)は
スケートが
できます。

208

できること 20 英5

アイ キャン スウィム
I can swim.

205

できること 20 英5

アイ キャン ラン ファスト
I can run fast.

206

できること 20 英5

アイ キャン ヂャンプ ハイ
I can jump high.

207

できること 20 英5

アイ キャン スケイト
I can skate.

208

にちじょうせいかつ
日常生活 19 英5

アイ ユージュアリィ クリーン マイ ハウス
I usually clean my house.

201

にちじょうせいかつ
日常生活 19 英5

アイ サムタイムズ クック ディナァ
I sometimes cook dinner.

202

にちじょうせいかつ
日常生活 19 英5

アイ サムタイムズ ゴウ シャピング
I sometimes go shopping.

203

にちじょうせいかつ
日常生活 19 英5

アイ ネヴァ クリーン マイ ル(ー)ム
I never clean my room.

204

できること 20　英5

私(わたし)は自(じ)転(てん)車(しゃ)に
乗(の)れます。

209

できること 20　英5

私(わたし)は
リコーダーが
ふけます。

210

できること 20　英5

私(わたし)は
バスケットボール
ができます。

211

できること 20　英5

私(わたし)は一(いち)輪(りん)車(しゃ)に
乗(の)れます。

212

できること 20　英5

私(わたし)は泳(およ)げ
ません。

213

できること 20　英5

私(わたし)は速(はや)く
走(はし)れません。

214

できること 20　英5

私(わたし)は料(りょう)理(り)が
できません。

215

できること 20　英5

私(わたし)は上手(じょうず)に
歌(うた)えません。

216

できること 20 英5

アイ キャント スウィム
I can't swim.

213

できること 20 英5

アイ キャント ラン ファスト
I can't run fast.

214

できること 20 英5

アイ キャント クック
I can't cook.

215

できること 20 英5

アイ キャント スィング ウェル
I can't sing well.

216

できること 20 英5

アイ キャン ライド ア バイク
I can ride a bike.

▶ bike(バイク) は bicycle(バイスィクル) でもよい。

209

できること 20 英5

アイ キャン プレイ ザ リコーダァ
I can play the recorder.

210

できること 20 英5

アイ キャン プレイ バスケトゥボール
I can play basketball.

211

できること 20 英5

アイ キャン ライド ア ユーニサイクル
I can ride a unicycle.

212

できること 21　英5

あなたは料理(りょうり)ができますか。
ーはい, できます。

217

できること 21　英5

あなたはピアノがひけますか。
ーはい, ひけます。

218

できること 21　英5

あなたは高(たか)くジャンプできますか。
ーはい, できます。

219

できること 21　英5

あなたはしょうぎができますか。
ーはい, できます。

220

できること 21　英5

あなたは上手(じょうず)に歌(うた)えますか。
ーいいえ, 歌(うた)えません。

221

できること 21　英5

あなたは一輪車(いちりんしゃ)に乗(の)れますか。
ーいいえ, 乗(の)れません。

222

できること 21　英5

あなたはギターがひけますか。
ーいいえ, ひけません。

223

できること 21　英5

あなたは泳(およ)げますか。
ーいいえ, 泳(およ)げません。

224

できること 21 英5

キャン ユー スィング ウェル
Can you sing well?
ノウ アイ キャント
— No, I can't.

221

できること 21 英5

キャン ユー ライド ア ユーニサイクル
Can you ride a unicycle?
ノウ アイ キャント
— No, I can't.

222

できること 21 英5

キャン ユー プレイ ザ ギター
Can you play the guitar?
ノウ アイ キャント
— No, I can't.

223

できること 21 英5

キャン ユー スウィム
Can you swim?
ノウ アイ キャント
— No, I can't.

224

できること 21 英5

キャン ユー クック
Can you cook?
イェス アイ キャン
— Yes, I can.

217

できること 21 英5

キャン ユー プレイ ザ ピアノウ
Can you play the piano?
イェス アイ キャン
— Yes, I can.

218

できること 21 英5

キャン ユー ヂャンプ ハイ
Can you jump high?
イェス アイ キャン
— Yes, I can.

219

できること 21 英5

キャン ユー プレイ ショーギ
Can you play *shogi*?
イェス アイ キャン
— Yes, I can.

220

他己紹介（たこしょうかい） 22　英5

こちらは
トムです。

225

他己紹介（たこしょうかい） 22　英5

こちらは
私（わたし）の妹（いもうと）[姉（あね）]です。

226

他己紹介（たこしょうかい） 22　英5

こちらは
私（わたし）の母（はは）です。

227

他己紹介（たこしょうかい） 22　英5

こちらは
私（わたし）の友達（ともだち）です。

228

他己紹介（たこしょうかい） 22　英5

こちらはだれですか。
―こちらは私（わたし）の父（ちち）です。

229

他己紹介（たこしょうかい） 22　英5

こちらはだれですか。
―こちらは私（わたし）の祖母（そぼ）です。

230

他己紹介（たこしょうかい） 22　英5

こちらはだれですか。
―こちらは私（わたし）の祖父（そふ）です。

231

他己紹介（たこしょうかい） 23　英5

こちらは
私（わたし）の弟（おとうと）です。
彼（かれ）は5さいです。

232

他己紹介(たこしょうかい) 22 英5

ズィス イズ タム
This is Tom.

▶人(ひと)を紹介(しょうかい)するときの表現(ひょうげん)。

225

他己紹介(たこしょうかい) 22 英5

ズィス イズ マイ スィスタァ
This is my sister.

▶英語(えいご)では，妹(いもうと)も姉(あね)もsister(スィスタァ)で表(あらわ)す。

226

他己紹介(たこしょうかい) 22 英5

ズィス イズ マイ マザァ
This is my mother.

227

他己紹介(たこしょうかい) 22 英5

ズィス イズ マイ フレンド
This is my friend.

228

他己紹介(たこしょうかい) 22 英5

フー イズ ズィス
Who is this?

ズィス イズ マイ ファーザァ
— This is my father.

229

他己紹介(たこしょうかい) 22 英5

フー イズ ズィス
Who is this?

ズィス イズ マイ グラン(ドゥ)マザァ
— This is my grandmother.

230

他己紹介(たこしょうかい) 22 英5

フー イズ ズィス
Who is this?

ズィス イズ マイ グラン(ドゥ)ファーザァ
— This is my grandfather.

231

他己紹介(たこしょうかい) 23 英5

ズィス イズ マイ ブラザァ
This is my brother.

ヒー イズ ファイヴ
He is five.

▶He is five years old.(ヒー イズ ファイヴ イアズ オウルド) でもよい。

232

他己紹介 23

英5

こちらはブラウン
先生です。
彼はやさしいです。

233

他己紹介 23

英5

彼は
おもしろい
です。

234

他己紹介 23

英5

彼は背が
高いです。

235

他己紹介 23

英5

彼は野球
選手です。

236

他己紹介 23

英5

彼は
消防士です。

237

他己紹介 23

英5

彼は
料理人です。

238

他己紹介 23

英5

こちらは
アンです。
彼女は
カナダの出身です。

239

他己紹介 23

英5

こちらは私の
友達のリサです。

240

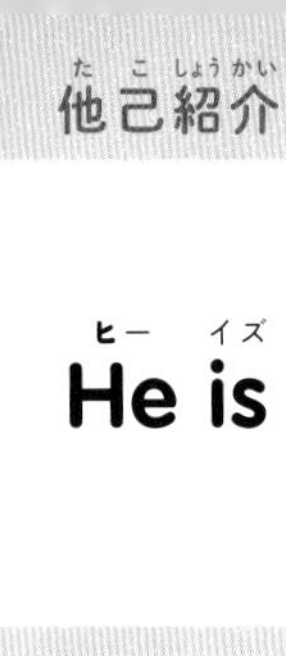

他己紹介 23　英5

ズィス　イズ ミスタァ　ブラウン
This is Mr. Brown.
ヒー　イズ　ナイス
He is nice.

▶男性には Mr. を使う。He is kind. でもよい。

233

他己紹介 23　英5

ヒー　イズ　ファニィ
He is funny.

234

他己紹介 23　英5

ヒー　イズ　トール
He is tall.

235

他己紹介 23　英5

ヒー　イズ　ア　ベイスボール
He is a baseball
プレイア
player.

236

他己紹介 23　英5

ヒー　イズ　ア　ファイア　ファイタァ
He is a fire fighter.

237

他己紹介 23　英5

ヒー　イズ　ア　クック
He is a cook.

238

他己紹介 23　英5

ズィス　イズ　アン
This is Ann.
シー　イズ　フロム　キャナダ
She is from Canada.

239

他己紹介 23　英5

ズィス　イズ　マイ　フレンド　リーサ
This is my friend, Lisa.

▶友達を紹介するときの表現。

240

他己紹介 23　英5

彼女は
ダンサーです。

241

他己紹介 23　英5

彼女は
医師です。

242

他己紹介 23　

彼女は
教師です。

243

他己紹介 23　英5

こちらは
伊藤先生です。
彼女は
やさしいです。

244

他己紹介 23　英5

彼女は
親しみやすい
です。

245

他己紹介 24　

彼は
サッカーが
得意です。

246

他己紹介 24　英4

彼は
バスケットボール
が得意です。

247

他己紹介 24　

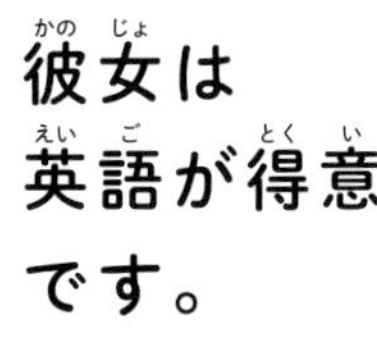

彼女は
英語が得意
です。

248

他己紹介（たこしょうかい） 23　英5

シー　イズ　ア　ダンサァ
She is a dancer.

241

他己紹介（たこしょうかい） 23　英5

シー　イズ　ア　ダクタァ
She is a doctor.

242

他己紹介（たこしょうかい） 23　英5

シー　イズ　ア　ティーチァ
She is a teacher.

243

他己紹介（たこしょうかい） 23　英5

ズィス　イズ　ミズ　イトウ
This is Ms. Ito.

シー　イズ　ナイス
She is nice.

▶女性（じょせい）にはMs.（ミズ）を使（つか）う。She is kind.（シー イズ カインド）でもよい。

244

他己紹介（たこしょうかい） 23　英5

シー　イズ　フレンドゥリィ
She is friendly.

245

他己紹介（たこしょうかい） 24　英4

ヒー　イズ　グッド　アト　サカァ
He is good at soccer.

▶soccer（サカァ）はfootball（フトゥボール）でもよい。

246

他己紹介（たこしょうかい） 24　英4

ヒー　イズ　グッド　アト
He is good at

バスケトゥボール
basketball.

247

他己紹介（たこしょうかい） 24　英4

シー　イズ　グッド　アト
She is good at

イングリシ
English.

248

他己紹介 24 英4

彼女は
テニスが
得意です。

249

他己紹介 24 英4

彼は
歌うことが
得意です。

250

他己紹介 24 英4

彼は
泳ぐことが
得意です。

251

他己紹介 24 英4

彼は
絵をかくことが
得意です。

252

他己紹介 24 英4

彼女は
走ることが
得意です。

253

他己紹介 24 英4

彼女は
料理が
得意です。

254

他己紹介 24 英4

彼女は
スケートが
得意です。

255

他己紹介 24 英4

彼女は
ピアノを
ひくことが
得意です。

256

他己紹介（たこしょうかい） 24　英4

シー　イズ　グッド　アト
She is good at
ラニング
running.

253

他己紹介（たこしょうかい） 24　英4

シー　イズ　グッド　アト
She is good at
クキング
cooking.

254

他己紹介（たこしょうかい） 24　英4

シー　イズ　グッド　アト
She is good at
スケイティング
skating.

255

他己紹介（たこしょうかい） 24　英4

シー　イズ　グッド　アト　プレイイング
She is good at playing
ザ　ピアノウ
the piano.

256

他己紹介（たこしょうかい） 24　英4

シー　イズ　グッド　アト　テニス
She is good at tennis.

249

他己紹介（たこしょうかい） 24　英4

ヒー　イズ　グッド　アト　スィンギング
He is good at singing.

250

他己紹介（たこしょうかい） 24　英4

ヒー　イズ　グッド　アト
He is good at
スウィミング
swimming.

251

他己紹介（たこしょうかい） 24　英4

ヒー　イズ　グッド　アト
He is good at
ドゥローイング
drawing.

252

他己紹介 25 英5

彼は
スキーが
できます。

257

他己紹介 25 英5

彼は速く
走れます。

258

他己紹介 25 英5

彼女は高く
とべます。

259

他己紹介 25 英5

彼女は
バイオリンが
ひけます。

260

他己紹介 25 英5

彼は
泳げません。

261

他己紹介 25 英5

彼はけん玉が
できません。

262

他己紹介 25 英5

彼女は
スケートが
できません。

263

他己紹介 25 英5

彼女は
テニスが
できません。

264

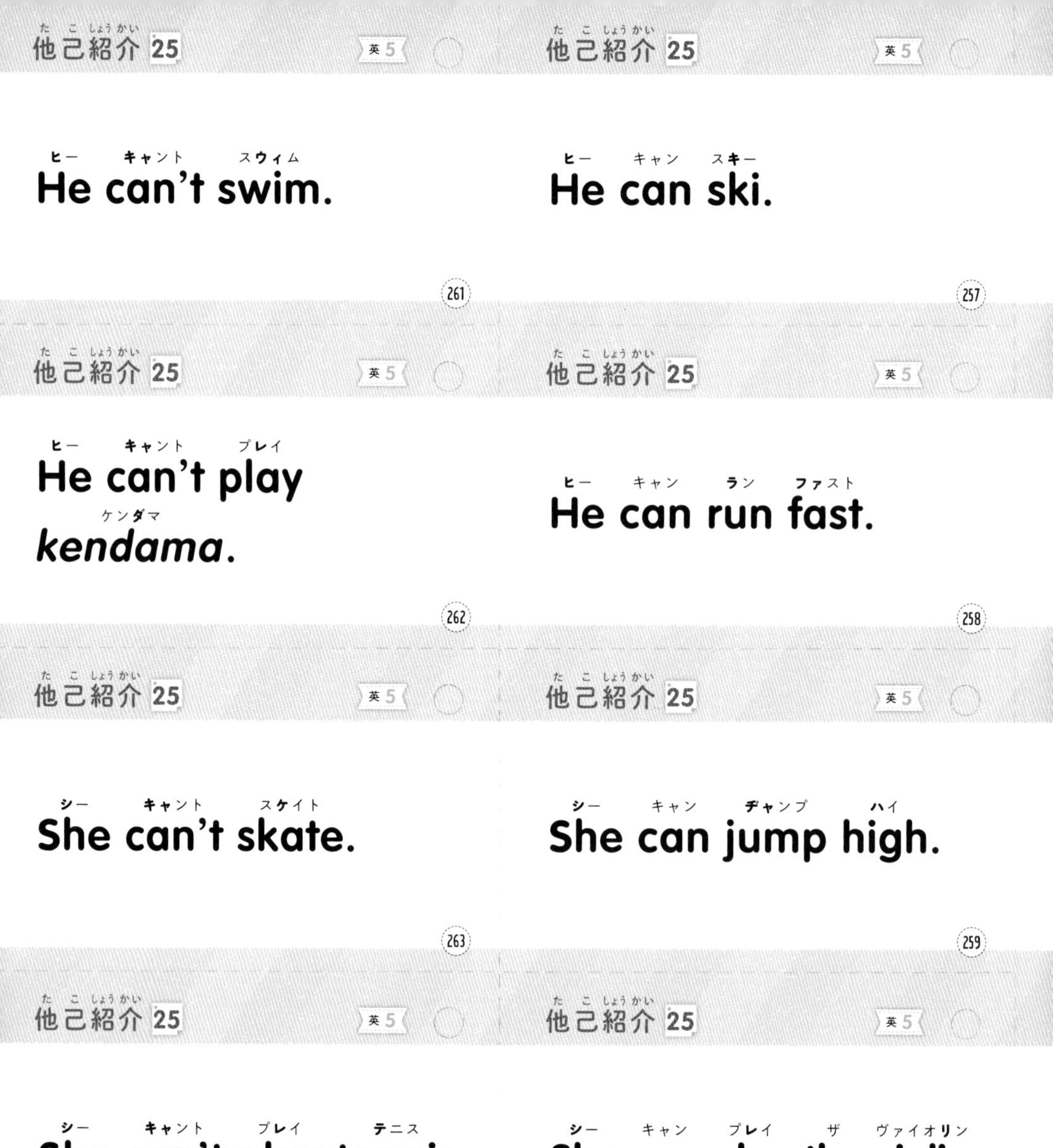
他己紹介 25
英 5
He can ski.
257
他己紹介 25
英 5
He can run fast.
258
他己紹介 25
英 5
She can jump high.
259
他己紹介 25
英 5
She can play the violin.
260
他己紹介 25
英 5
He can't swim.
261
他己紹介 25
英 5
He can't play *kendama*.
262
他己紹介 25
英 5
She can't skate.
263
他己紹介 25
英 5
She can't play tennis.
264

他己紹介 26

英5

彼は速く走れますか。
―はい，速く走れます。

265

他己紹介 26

英5

彼は卓球ができますか。
―はい，できます。

266

他己紹介 26

英5

彼はスキーができますか。
―いいえ，できません。

267

他己紹介 26

英5

彼はピアノがひけますか。
―いいえ，ひけません。

268

他己紹介 26

英5

彼女は一輪車に乗れますか。
―はい，乗れます。

269

他己紹介 26

英5

彼女はケーキが作れますか。
―はい，作れます。

270

他己紹介 26

英5

彼女はフルートがふけますか。
―いいえ，ふけません。

271

他己紹介 26

英5

彼女は自転車に乗れますか。
―いいえ，乗れません。

272

他己紹介(たこしょうかい) 26 英5

Can she ride a unicycle?
— Yes, she can.

269

他己紹介(たこしょうかい) 26 英5

Can she make a cake?
— Yes, she can.

▶ make(メイク) は bake(ベイク) でもよい。

270

他己紹介(たこしょうかい) 26 英5

Can she play the flute?
— No, she can't.

271

他己紹介(たこしょうかい) 26 英5

Can she ride a bike?
— No, she can't.

▶ bike(バイク) は bicycle(バイスィクル) でもよい。

272

他己紹介(たこしょうかい) 26 英5

Can he run fast?
— Yes, he can.

265

他己紹介(たこしょうかい) 26 英5

Can he play table tennis?
— Yes, he can.

266

他己紹介(たこしょうかい) 26 英5

Can he ski?
— No, he can't.

267

他己紹介(たこしょうかい) 26 英5

Can he play the piano?
— No, he can't.

268

学校・町・文化紹介 27 英5

こちらは
音楽室
です。

273

学校・町・文化紹介 27 英5

こちらは
私たちの
教室です。

274

学校・町・文化紹介 27 英5

こちらは
図書室
です。

275

学校・町・文化紹介 27 英5

こちらは
理科室
です。

276

学校・町・文化紹介 27 英5

あれは
体育館
です。

277

学校・町・文化紹介 27 英5

あれは
プール
です。

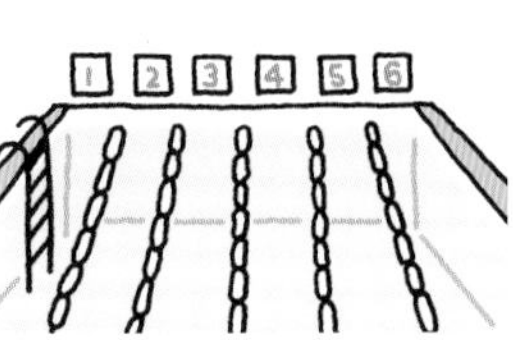

278

学校・町・文化紹介 27 英5

あれは
校庭です。

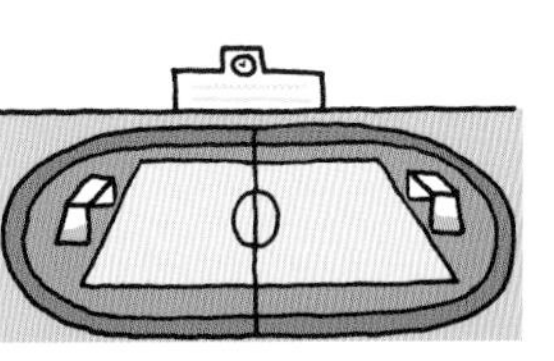

279

学校・町・文化紹介 27 英5

あちらは
職員室
です。

280

ズィス イズ ザ ミューズィク ル(ー)ム
This is the music room.

▶近く(ちか)のものを紹介(しょうかい)するときの表現(ひょうげん)。

273

学校・町・文化紹介 27 英5

ズィス イズ アウア クラスル(ー)ム
This is our classroom.

274

学校・町・文化紹介 27 英5

ズィス イズ ザ ライブレリィ
This is the library.

275

学校・町・文化紹介 27 英5

ズィス イズ ザ サイエンス ル(ー)ム
This is the science room.

276

学校・町・文化紹介 27 英5

ザット イズ ザ ヂム
That is the gym.

▶はなれたところのものを紹介(しょうかい)するときの表現(ひょうげん)。

277

学校・町・文化紹介 27 英5

ザット イズ ザ プール
That is the pool.

▶pool(プール) は swimming(スウィミング) pool(プール) でもよい。

278

学校・町・文化紹介 27 英5

ザット イズ ザ プレイグラウンド
That is the playground.

▶playground(プレイグラウンド) は schoolyard(スクールヤード) でもよい。

279

学校・町・文化紹介 27 英5

ザット イズ ザ ティーチァズ オ(ー)フィス
That is the teachers' office.

▶office(オ(ー)フィス) は room(ル(ー)ム) でもよい。

280

学校・町・文化紹介 28

私たちの町には
大きな競技場が
あります。

281

学校・町・文化紹介 28

私たちの町には
有名な城が
あります。

282

学校・町・文化紹介 28

私たちの
町には
美しい公園が
あります。

283

学校・町・文化紹介 28

私たちの町には
人気のある
遊園地が
あります。

284

学校・町・文化紹介 28

私たちの
町には
小さな寺が
あります。

285

学校・町・文化紹介 28

私たちの町には
高いタワーが
あります。

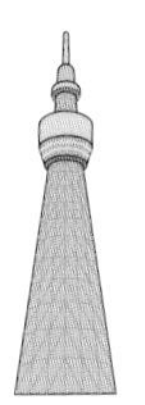

286

学校・町・文化紹介 28

私たちの
町には
デパートは
ありません。

287

学校・町・文化紹介 28

私たちの
町には
書店が
ありません。

288

学校（がっこう）・町（まち）・文化紹介（ぶんかしょうかい） 28

ウィー　ハヴ　ア　スモール
We have a small
テンプル　イン　アウア　タウン
temple in our town.

285

学校（がっこう）・町（まち）・文化紹介（ぶんかしょうかい） 28

ウィー　ハヴ　ア　トール　タウア
We have a tall tower
イン　アウア　タウン
in our town.

286

学校（がっこう）・町（まち）・文化紹介（ぶんかしょうかい） 28

ウィー　ドウント　ハヴ　ア
We don’t have a
ディパートゥメント　ストー（ァ）　イン
department store in
アウア　タウン
our town.

287

学校（がっこう）・町（まち）・文化紹介（ぶんかしょうかい） 28

ウィー　ドウント　ハヴ　ア
We don’t have a
ブクストー（ァ）　イン　アウア
bookstore in our
タウン
town.

288

学校（がっこう）・町（まち）・文化紹介（ぶんかしょうかい） 28

ウィー　ハヴ　ア　ビッグ
We have a big
ステイディアム　イン　アウア　タウン
stadium in our town.

281

学校（がっこう）・町（まち）・文化紹介（ぶんかしょうかい） 28

ウィー　ハヴ　ア　フェイマス
We have a famous
キャスル　イン　アウア　タウン
castle in our town.

282

学校（がっこう）・町（まち）・文化紹介（ぶんかしょうかい） 28

ウィー　ハヴ　ア　ビューティフル
We have a beautiful
パーク　イン　アウア　タウン
park in our town.

283

学校（がっこう）・町（まち）・文化紹介（ぶんかしょうかい） 28

ウィー　ハヴ　ア　パピュラァ
We have a popular
アミューズメント　パーク　イン
amusement park in
アウア　タウン
our town.

284

学校・町・文化紹介 29

春にはひな祭りがあります。

289

学校・町・文化紹介 29

冬には正月があります。

290

学校・町・文化紹介 29

春には花見があります。

291

学校・町・文化紹介 29

夏には花火大会があります。

292

学校・町・文化紹介 29

1月には正月があります。

293

学校・町・文化紹介 29

5月にはこどもの日があります。

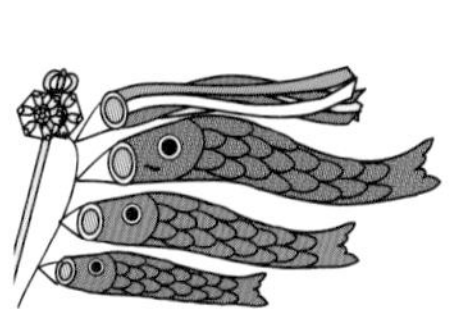

294

学校・町・文化紹介 29

7月には七夕があります。

295

学校・町・文化紹介 29

10月にはハロウィーンがあります。

296

学校・町・文化紹介 29

ウィー　ハヴ　ニュー　イアズ
We have New Year's
デイ　イン　ヂャニュエリィ
Day in January.

293

学校・町・文化紹介 29

ウィー　ハヴ　チルドゥレンズ
We have Children's
デイ　イン　メイ
Day in May.

294

学校・町・文化紹介 29

ウィー　ハヴ　ザ　スター
We have the Star
フェスティヴァル　イン　ヂュライ
Festival in July.

295

学校・町・文化紹介 29

ウィー　ハヴ　ハロウイーン
We have Halloween
イン　アクトウバァ
in October.

296

学校・町・文化紹介 29

ウィー　ハヴ　ダルズ
We have Dolls'
フェスティヴァル　イン　スプリング
Festival in spring.

289

学校・町・文化紹介 29

ウィー　ハヴ　ニュー　イアズ
We have New Year's
デイ　イン　ウィンタァ
Day in winter.

290

学校・町・文化紹介 29

ウィー　ハヴ　ハナミ　イン
We have *hanami* in
スプリング
spring.

291

学校・町・文化紹介 29

ウィー　ハヴ　ファイアワ～クス
We have fireworks
フェスティヴァルズ　イン　サマァ
festivals in summer.

292

学校・町・文化紹介 29

12月には
クリスマスが
あります。

297

学校・町・文化紹介 29

ひな祭りには何をしますか。
ーちらしずしを食べます。

298

学校・町・文化紹介 29

正月には何をしますか。
ーすごろくをします。

299

学校・町・文化紹介 29

大みそかには何をしますか。
ーそばを食べます。

300

学校・町・文化紹介 30 英5

(あなたは)
はまべを
見ることが
できます。

301

学校・町・文化紹介 30 英5

(あなたは)
古い寺を
見ることが
できます。

302

学校・町・文化紹介 30 英5

(あなたは)
秋に満月を
見ることが
できます。

303

学校・町・文化紹介 30 英5

(あなたは)
かき氷を
食べることが
できます。

304

がっこう まち ぶんかしょうかい
学校・町・文化紹介 30 英5

ユー キャン スィー ザ ビーチ
You can see the beach.

301

学校・町・文化紹介 30 英5

ユー キャン スィー アン オウルド テンプル
You can see an old temple.

302

学校・町・文化紹介 30 英5

ユー キャン スィー ザ フル ムーン イン フォール
You can see the full moon in fall.

▶ fall(フォール) は autumn(オータム) でもよい。

303

学校・町・文化紹介 30 英5

ユー キャン イート シェイヴド アイス
You can eat shaved ice.

304

学校・町・文化紹介 29

ウィー ハヴ クリスマス イン ディセンバァ
We have Christmas in December.

297

学校・町・文化紹介 29

(フ)ワット ドゥ ユー ドゥー オン ダルズ フェスティヴァル
What do you do on Dolls' Festival?

ウィー イート チラシズシ
— We eat *chirashi-zushi*.

298

学校・町・文化紹介 29

(フ)ワット ドゥ ユー ドゥー オン ニュー イアズ デイ
What do you do on New Year's Day?

ウィー プレイ スゴロク
— We play *sugoroku*.

299

学校・町・文化紹介 29

(フ)ワット ドゥ ユー ドゥー オン ニュー イアズ イーヴ
What do you do on New Year's Eve?

ウィー イート ソバ
— We eat *soba*.

300

学校・町・文化紹介 30 英5

（あなたは）
おいしい食べ物を
食べることが
できます。

305

学校・町・文化紹介 30 英5

（あなたは）
花火大会を
楽しむことが
できます。

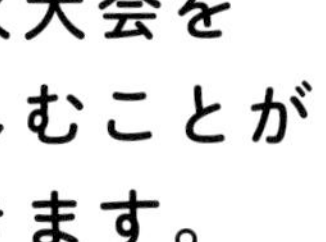

306

学校・町・文化紹介 30 英5

（あなたは）
キャンプを
楽しむことが
できます。

307

学校・町・文化紹介 30 英5

（あなたは）
雪祭りを
楽しむことが
できます。

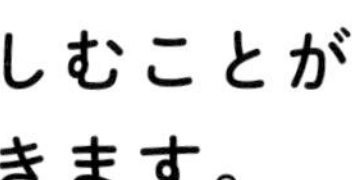

308

学校・町・文化紹介 30 英5

（あなたは）
買い物を
楽しむことが
できます。

309

学校・町・文化紹介 31 英5

これは
何ですか。

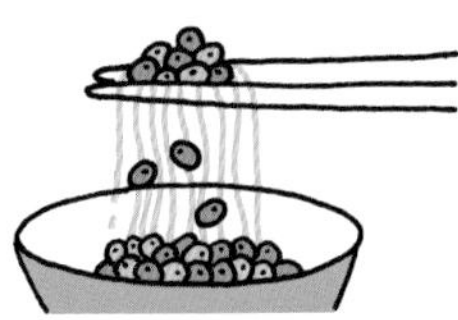

310

学校・町・文化紹介 31 英5

これは何ですか。
—納豆です。

311

学校・町・文化紹介 31 英5

これは何ですか。
—おにぎりです。

312

学校・町・文化紹介 30 英5

ユー キャン エンジョイ シャピング
You can enjoy shopping.

309

学校・町・文化紹介 31 英5

(フ)ワッツ ズィス
What's this?

▶ this は近くにあるものを指す。

310

学校・町・文化紹介 31 英5

(フ)ワッツ ズィス
What's this?

イッツ ナットウ
— It's *natto*.

311

学校・町・文化紹介 31 英5

(フ)ワッツ ズィス
What's this?

イッツ ア ライス ボール
— It's a rice ball.

312

学校・町・文化紹介 30 英5

ユー キャン イート ディリシャス フード
You can eat delicious food.

▶ delicious は very good でもよい。

305

学校・町・文化紹介 30 英5

ユー キャン エンジョイ ファイアワ～クス フェスティヴァルズ
You can enjoy fireworks festivals.

306

学校・町・文化紹介 30 英5

ユー キャン エンジョイ キャンピング
You can enjoy camping.

307

学校・町・文化紹介 30 英5

ユー キャン エンジョイ ザ スノウ フェスティヴァル
You can enjoy the snow festival.

308

学校・町・文化紹介 31 英5

あれは
何ですか。

313

学校・町・文化紹介 31 英5

あれは何ですか。
―神社です。

314

学校・町・文化紹介 31 英5

あれは何ですか。
―お城です。

315

学校・町・文化紹介 31 英5

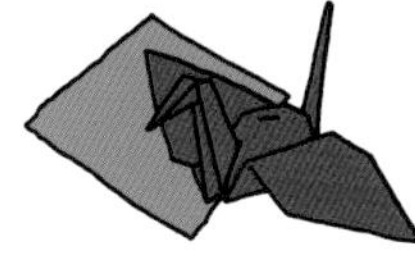

あれは何ですか。
―折り紙です。

316

学校・町・文化紹介 31 英5

これは何ですか。
―すしです。

317

学校・町・文化紹介 31 英5

それはとても
おいしいです。

318

学校・町・文化紹介 31 英5

それはとても
古いです。

319

学校・町・文化紹介 31 英5

それはとても
有名です。

320

(フ)ワッツ ズィス
What's this?
イッツ スーシ
— It's sushi.

317

学校・町・文化紹介 31 英5

イッツ ディリシャス
It's delicious.

▶ It's very good. でもよい。

318

学校・町・文化紹介 31 英5

イッツ ヴェリィ オウルド
It's very old.

319

学校・町・文化紹介 31 英5

イッツ ヴェリィ フェイマス
It's very famous.

320

学校・町・文化紹介 31 英5

(フ)ワッツ ザット
What's that?

▶ that ははなれたところにあるものを指す。

313

学校・町・文化紹介 31 英5

(フ)ワッツ ザット
What's that?
イッツ ア シライン
— It's a shrine.

314

学校・町・文化紹介 31 英5

(フ)ワッツ ザット
What's that?
イッツ ア キャスル
— It's a castle.

315

学校・町・文化紹介 31 英5

(フ)ワッツ ザット
What's that?
イッツ オリガミ
— It's *origami*.

316

道案内・場所 32　英4

すみません。
郵便局は
どこですか。

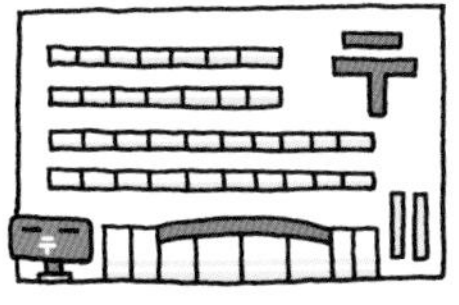

321

道案内・場所 32　英4

駅は
どこですか。

すみません。

322

道案内・場所 32　英4

まっすぐ
行って
ください。

323

道案内・場所 32　英4

左に
曲がって
ください。

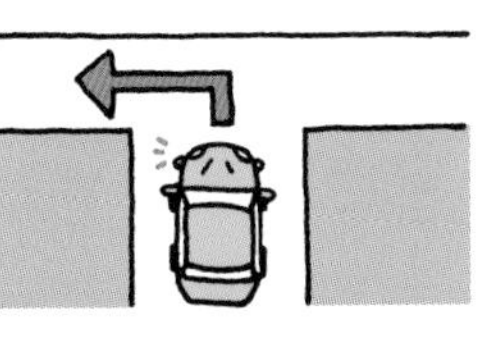

324

道案内・場所 32　英4

右に
曲がって
ください。

325

道案内・場所 32　英4

2ブロック
まっすぐ
行ってください。

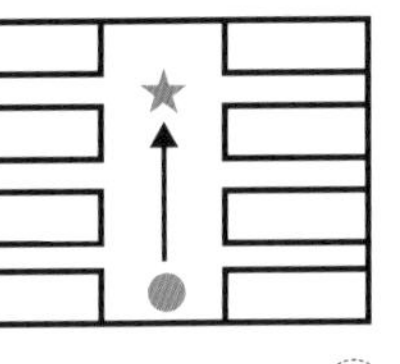

326

道案内・場所 32　英4

1ブロック
まっすぐ行って，
右に曲がって
ください。

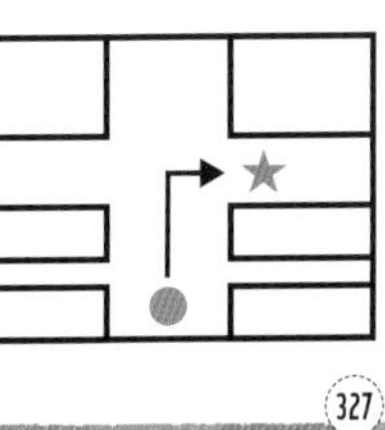

327

道案内・場所 32　英4

1つ目の角を
左に曲がって
ください。

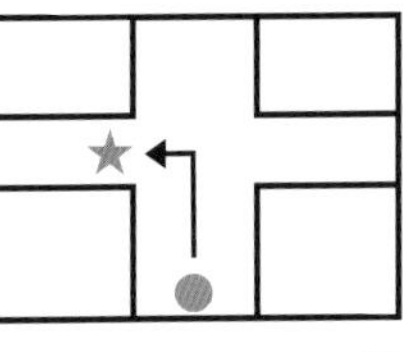

328

道案内・場所 32 英4

イクスキューズ ミー (フ)ウェア イズ
Excuse me. Where is
ザ ポウスト オ(ー)フィス
the post office?

▶道をたずねるときの表現。

321

道案内・場所 32 英4

イクスキューズ ミー (フ)ウェア イズ
Excuse me. Where is
ザ ステイション
the station?

322

道案内・場所 32 英4

ゴウ ストゥレイト
Go straight.

323

道案内・場所 32 英4

ターン レフト
Turn left.

324

道案内・場所 32 英4

ターン ライト
Turn right.

325

道案内・場所 32 英4

ゴウ ストゥレイト フォ トゥー
Go straight for two
ブラックス
blocks.

326

道案内・場所 32 英4

ゴウ ストゥレイト フォ ワン
Go straight for one
ブラック アンド ターン ライト
block and turn right.

327

道案内・場所 32 英4

ターン レフト アト ザ ファ～スト
Turn left at the first
コーナァ
corner.

328

道案内・場所 32　英4

2つ目の角を
右に曲がって
ください。

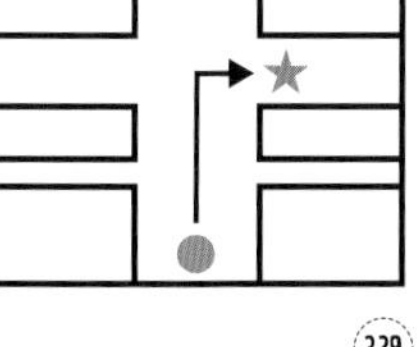

329

道案内・場所 32　英4

それは
あなたの右側に
見えます。

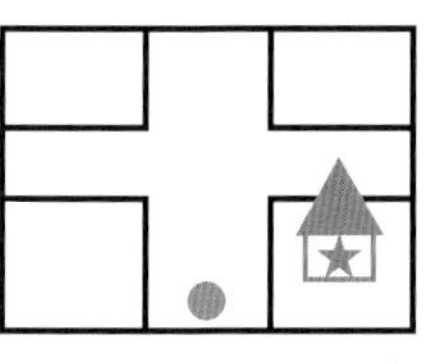

330

道案内・場所 33　英5

私のぼうしはどこにありますか。
ーソファーの上にあります。

331

道案内・場所 33　英5

机の上に
あります。

332

道案内・場所 33　英5

箱の中に
あります。

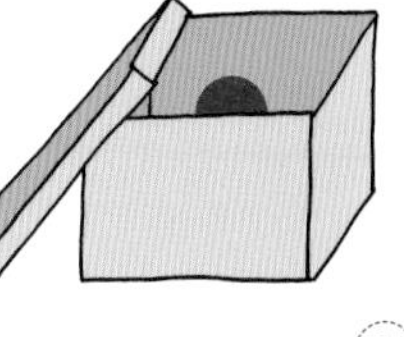

333

道案内・場所 33　英5

ベッドの
そばに
あります。

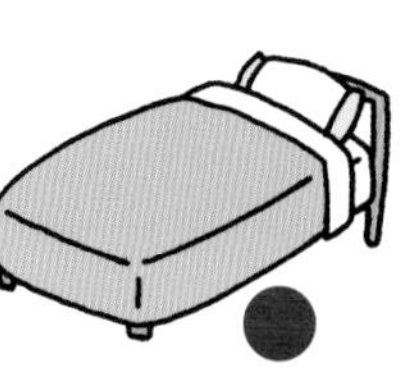

334

道案内・場所 33　英5

いすの下に
あります。

335

道案内・場所 33　英5

かべに
かかって
います。

336

道案内・場所 33　英5

イッツ　イン　ザ　バックス
It's in the box.

333

道案内・場所 33　英5

イッツ　バイ　ザ　ベッド
It's by the bed.

334

道案内・場所 33　英5

イッツ　アンダァ　ザ　チェア
It's under the chair.

335

道案内・場所 33　英5

イッツ　アン　ザ　ウォール
It's on the wall.

▶ on（アン）は「そこに接触（せっしょく）して上（うえ）に」という意味（いみ）。

336

道案内・場所 32　英4

ターン　ライト　アト　ザ　セカンド　コーナァ
Turn right at the second corner.

329

道案内・場所 32　英4

ユー　ウィル　スィー　イト　オン　ユア　ライト
You will see it on your right.

▶「（あなたの）左側（ひだりがわ）に」は on your left（オン　ユア　レフト）。

330

道案内・場所 33　英5

（フ）ウェア　イズ　マイ　キャップ
Where is my cap?

イッツ　アン　ザ　ソウファ
— It's on the sofa.

▶どこにあるかをたずねるときの表現（ひょうげん）。

331

道案内・場所 33　英5

イッツ　アン　ザ　デスク
It's on the desk.

332

注文・買い物 34
英4

〈レストランで〉
何に
なさいますか。

337

注文・買い物 34

何になさいますか。
ースパゲッティをください。

338

注文・買い物 34

フライドチキンを
お願いします。

339

注文・買い物 34

何になさいますか。
ーハンバーガーをお願いします。

340

注文・買い物 35
英5

オレンジはいくつほしいですか。
ー3つお願いします。

341

注文・買い物 35

トマトはいくつほしいですか。
ー6つお願いします。

342

注文・買い物 35

りんごはいくつですか。
ー2つお願いします。

343

注文・買い物 35
英5

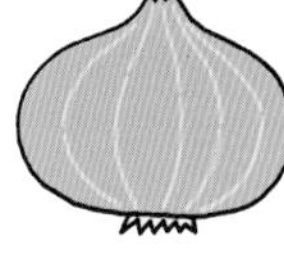

たまねぎはいくつですか。
ー1つお願いします。

344

注文・買い物 35 英5

How many oranges do you want?

— Three, please.

▶ 数をたずねるときの表現。

341

注文・買い物 35 英5

How many tomatoes do you want?

— Six, please.

342

注文・買い物 35 英5

How many apples?

— Two, please.

343

注文・買い物 35 英5

How many onions?

— One, please.

344

注文・買い物 34 英4

What would you like?

▶ What do you want? のていねいな言い方。

337

注文・買い物 34 英4

What would you like?

— I'd like spaghetti.

▶ Spaghetti, please. でもよい。

338

注文・買い物 34 英4

Fried chicken, please.

▶ I'd like fried chicken. でもよい。

339

注文・買い物 34 英4

What would you like?

— A hamburger, please.

▶ I'd like a hamburger. でもよい。

340

注文・買い物 36　英5

いくらですか。

345

注文・買い物 36　英5

500円です。

500円

346

注文・買い物 36　英5

このペンはいくらですか。
―(それは)100円です。

347

注文・買い物 36　英5

それは
180円です。

180円

348

注文・買い物 36　英5

それは
200円です。

200円

349

注文・買い物 36　英5

それは
550円です。

550円

350

注文・買い物 36　英5

それは
1000円です。

1000円

351

注文・買い物 36　英5

それは
2500円です。

2500円

352

ハウ マッチ イズ イット
How much is it?

値段をたずねるときの表現。

345

注文・買い物 36 英 5

イッツ ファイヴハンドゥレド イェン
It's 500 yen.

346

注文・買い物 36 英 5

ハウ マッチ イズ ズィス ペン
How much is this pen?
イッツ ワンハンドゥレド イェン
— It's 100 yen.

347

注文・買い物 36 英 5

イッツ ワンハンドゥレドエイティ イェン
It's 180 yen.

one hundred and eighty とも言う。

348

注文・買い物 36 英 5

イッツ トゥーハンドゥレド イェン
It's 200 yen.

349

注文・買い物 36 英 5

イッツ ファイヴハンドゥレドフィフティ イェン
It's 550 yen.

five hundred and fifty とも言う。

350

注文・買い物 36 英 5

イッツ ワンサウザンド イェン
It's 1,000 yen.

351

注文・買い物 36 英 5

イッツ トゥーサウザンドファイヴハンドゥレド イェン
It's 2,500 yen.

352

したこと・学校生活(がっこうせいかつ) 37 英4

私(わたし)は海(うみ)に
行(い)きました。

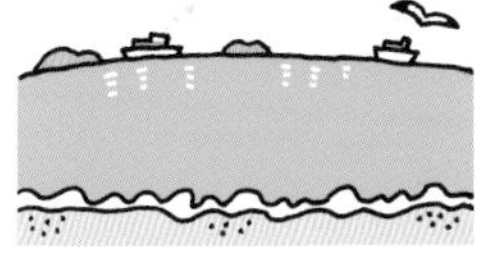

353

したこと・学校生活(がっこうせいかつ) 37 英4

私(わたし)は山(やま)に
行(い)きました。

354

したこと・学校生活(がっこうせいかつ) 37 英4

私(わたし)は
動物園(どうぶつえん)に
行(い)きました。

355

したこと・学校生活(がっこうせいかつ) 37 英4

私(わたし)は
遊園地(ゆうえんち)に
行(い)きました。

356

したこと・学校生活(がっこうせいかつ) 37 英4

私(わたし)は
デパートに
行(い)きました。

357

したこと・学校生活(がっこうせいかつ) 37 英4

私(わたし)は
かき氷(ごおり)を
食(た)べました。

358

したこと・学校生活(がっこうせいかつ) 37 英4

私(わたし)は
カレーライスを
食(た)べました。

359

したこと・学校生活(がっこうせいかつ) 37 英4

私(わたし)は
焼(や)き魚(ざかな)を
食(た)べました。

360

したこと・学校生活(がっこうせいかつ) 37 英4

アイ ウェント トゥ ザ ディパートゥメント ストー(ァ)

I went to the department store.

357

したこと・学校生活(がっこうせいかつ) 37 英4

アイ エイト シェイヴド アイス

I ate shaved ice.

358

したこと・学校生活(がっこうせいかつ) 37 英4

アイ エイト カ～リィ アンド ライス

I ate curry and rice.

359

したこと・学校生活(がっこうせいかつ) 37 英4

アイ エイト グリルド フィッシ

I ate grilled fish.

360

したこと・学校生活(がっこうせいかつ) 37 英4

アイ ウェント トゥ ザ スィー

I went to the sea.

353

したこと・学校生活(がっこうせいかつ) 37 英4

アイ ウェント トゥ ザ マウンテンズ

I went to the mountains.

354

したこと・学校生活(がっこうせいかつ) 37 英4

アイ ウェント トゥ ザ ズー

I went to the zoo.

355

したこと・学校生活(がっこうせいかつ) 37 英4

アイ ウェント トゥ ズィ アミューズメント パーク

I went to the amusement park.

356

したこと・学校生活 37 英4

私はすいかを
食べました。

361

したこと・学校生活 37 英4

私は
アイスクリームを
食べました。

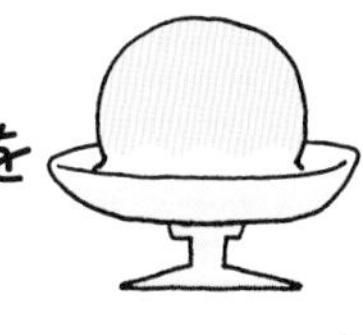

362

したこと・学校生活 37 英4

私は
たくさんの
星を見ました。

363

したこと・学校生活 37 英4

私は
たくさんの動物を
見ました。

364

したこと・学校生活 37 英4

私は花火を
見ました。

365

したこと・学校生活 37 英4

私は
美しい海を
見ました。

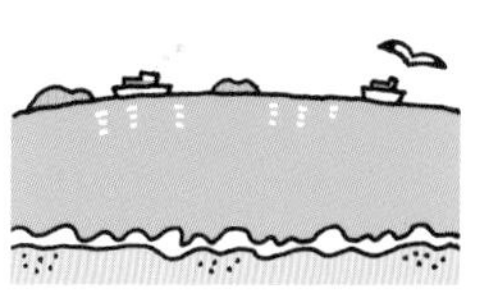

366

したこと・学校生活 37 英4

私はつりを
楽しみました。

367

したこと・学校生活 37 英4

私は
キャンプを
楽しみました。

368

したこと・学校生活 37 英4

アイ ソー ファイアワ～クス
I saw fireworks.

365

したこと・学校生活 37 英4

アイ ソー ザ ビューティフル
I saw the beautiful
スィー
sea.

366

したこと・学校生活 37 英4

アイ エンヂョイド フィシング
I enjoyed fishing.

367

したこと・学校生活 37 英4

アイ エンヂョイド キャンピング
I enjoyed camping.

368

したこと・学校生活 37 英4

アイ エイト ウォータメロン
I ate watermelon.

361

したこと・学校生活 37 英4

アイ エイト アイス クリーム
I ate ice cream.

362

したこと・学校生活 37 英4

アイ ソー メニィ スターズ
I saw many stars.

363

したこと・学校生活 37 英4

アイ ソー メニィ アニマルズ
I saw many animals.

364

したこと・学校生活(がっこうせいかつ) 37 英4

私(わたし)は泳(およ)ぐことを
楽(たの)しみました。

369

したこと・学校生活(がっこうせいかつ) 38

あなたの
いちばんの
思(おも)い出(で)は
何(なん)ですか。

370

したこと・学校生活(がっこうせいかつ) 38

私(わたし)のいちばんの
思(おも)い出(で)は
運動会(うんどうかい)です。

371

したこと・学校生活(がっこうせいかつ) 38

私(わたし)のいちばんの
思(おも)い出(で)は
修学旅行(しゅうがくりょこう)です。

372

したこと・学校生活(がっこうせいかつ) 38

私(わたし)のいちばんの
思(おも)い出(で)は
遠足(えんそく)です。

373

したこと・学校生活(がっこうせいかつ) 38

私(わたし)のいちばんの
思(おも)い出(で)は
水泳大会(すいえいたいかい)です。

374

したこと・学校生活(がっこうせいかつ) 38

私(わたし)のいちばんの
思(おも)い出(で)は
音楽会(おんがくかい)です。

375

したこと・学校生活(がっこうせいかつ) 38 英4

私(わたし)たちは
日光(にっこう)に
行(い)きました。

376

したこと・学校生活（がっこうせいかつ） 37 英4

アイ エンヂョイド スウィミング
I enjoyed swimming.

369

したこと・学校生活（がっこうせいかつ） 38

(フ)ワッツ ユア ベスト
What's your best
メモリィ
memory?

370

したこと・学校生活（がっこうせいかつ） 38

マイ ベスト メモリィ イズ
My best memory is
アウア スポーツ デイ
our sports day.

アウア スポーツ フェスティヴァル
▶ our sports festival でもよい。

371

したこと・学校生活（がっこうせいかつ） 38

マイ ベスト メモリィ イズ
My best memory is
アウア スクール トゥリップ
our school trip.

372

したこと・学校生活（がっこうせいかつ） 38

マイ ベスト メモリィ イズ
My best memory is
アウア フィールド トゥリップ
our field trip.

373

したこと・学校生活（がっこうせいかつ） 38

マイ ベスト メモリィ イズ
My best memory is
アウア スウィミング ミート
our swimming meet.

374

したこと・学校生活（がっこうせいかつ） 38

マイ ベスト メモリィ イズ
My best memory is
アウア ミューズィク フェスティヴァル
our music festival.

アウア スクール コンサート
▶ our school concert でもよい。

375

したこと・学校生活（がっこうせいかつ） 38 英4

ウィー ウェント トゥ ニッコウ
We went to Nikko.

376

したこと・学校生活 38 英4

私たちは
古い神社を
見ました。

377

したこと・学校生活 38 英4

私は
キャンプを
楽しみました。

378

したこと・学校生活 39 英4

私は山に
行きました。

379

したこと・学校生活 39 英4

私はハイキングを
楽しみました。
楽しかった
です。

380

したこと・学校生活 39 英4

わくわく
しました。

381

したこと・学校生活 39 英4

とても
おいしかった
です。

382

したこと・学校生活 39 英4

すごかった
です。

383

したこと・学校生活 39 英4

美しかった
です。

384

したこと・学校生活（がっこうせいかつ） 39 英4

イト ワズ イクサイティング
It was exciting.

381

したこと・学校生活（がっこうせいかつ） 39 英4

イト ワズ ディリシャス
It was delicious.

ディリシャス ヴェリィ グッド
▶ delicious は very good でもよい。

382

したこと・学校生活（がっこうせいかつ） 39 英4

イト ワズ グレイト
It was great.

383

したこと・学校生活（がっこうせいかつ） 39 英4

イト ワズ ビューティフル
It was beautiful.

ビューティフル ラヴリィ
▶ beautiful は lovely でもよい。

384

したこと・学校生活（がっこうせいかつ） 38 英4

ウィー ソー アン オウルド シライン
We saw an old shrine.

377

したこと・学校生活（がっこうせいかつ） 38 英4

アイ エンヂョイド キャンピング
I enjoyed camping.

378

したこと・学校生活（がっこうせいかつ） 39 英4

アイ ウェント トゥ ザ
I went to the
マウンテンズ
mountains.

379

したこと・学校生活（がっこうせいかつ） 39 英4

アイ エンヂョイド ハイキング
I enjoyed hiking.
イト ワズ ファン
It was fun.

380

将来の夢・中学校生活 40 英4

あなたは
何になりたい
ですか。

385

将来の夢・中学校生活 40 英4

私は歌手に
なりたいです。

386

将来の夢・中学校生活 40 英4

私は芸術家に
なりたいです。

387

将来の夢・中学校生活 40 英4

私は
宇宙飛行士に
なりたいです。

388

将来の夢・中学校生活 40 英4

私は
サッカー選手に
なりたいです。

389

将来の夢・中学校生活 40 英4

私は警察官に
なりたいです。

390

将来の夢・中学校生活 40 英4

私は
パイロットに
なりたいです。

391

将来の夢・中学校生活 40 英4

私は科学者に
なりたいです。

392

将来の夢・中学校生活 40 英4

アイ ワント トゥ ビー ア サカァ プレイア
I want to be a soccer player.

389

将来の夢・中学校生活 40 英4

アイ ワント トゥ ビー ア ポリース オ(ー)フィサァ
I want to be a police officer.

390

将来の夢・中学校生活 40 英4

アイ ワント トゥ ビー ア パイロト
I want to be a pilot.

391

将来の夢・中学校生活 40 英4

アイ ワント トゥ ビー ア サイエンティスト
I want to be a scientist.

392

将来の夢・中学校生活 40 英4

(フ)ワット ドゥ ユー ワント トゥ ビー
What do you want to be?

385

将来の夢・中学校生活 40 英4

アイ ワント トゥ ビー ア スィンガァ
I want to be a singer.

386

将来の夢・中学校生活 40 英4

アイ ワント トゥ ビー アン アーティスト
I want to be an artist.

387

将来の夢・中学校生活 40 英4

アイ ワント トゥ ビー アン アストゥロノート
I want to be an astronaut.

388

将来の夢・中学校生活 40 英4

私は
じゅう医師に
なりたいです。

393

将来の夢・中学校生活 40 英5

なぜですか。
―私は音楽が好き(だから)です。

394

将来の夢・中学校生活 41 英4

あなたは
どこに
行きたいですか。

395

将来の夢・中学校生活 41 英4

私は
オーストラリアに
行きたいです。

396

将来の夢・中学校生活 41 英4

なぜですか。
―私はステーキが食べたいです。

397

将来の夢・中学校生活 41 英4

私はコアラが
見たいです。

398

将来の夢・中学校生活 41 英4

私は
アメリカに
行きたいです。

399

将来の夢・中学校生活 41 英4

私は
野球の試合が
見たいです。

400

将来の夢・中学校生活 41 英4

(フ)ワイ
Why?
アイ ワント トゥ イート ステイク
— I want to eat steak.

▶ Because I want to eat steak. でもよい。

397

将来の夢・中学校生活 41 英4

アイ ワント トゥ スィー コウアーラズ
I want to see koalas.

398

将来の夢・中学校生活 41 英4

アイ ワント トゥ ゴウ トゥ
I want to go to
アメリカ
America.

▶ America は the U.S.A. でもよい。

399

将来の夢・中学校生活 41 英4

アイ ワント トゥ スィー ベイスボール
I want to see baseball
ゲイムズ
games.

▶ see は watch でもよい。

400

将来の夢・中学校生活 40 英4

アイ ワント トゥ ビー ア ヴェット
I want to be a vet.

393

将来の夢・中学校生活 40 英5

(フ)ワイ
Why?
アイ ライク ミューズィク
— I like music.

▶ Because I like music. でもよい。

394

将来の夢・中学校生活 41 英4

(フ)ウェア ドゥ ユー ワント トゥ
Where do you want to
ゴウ
go?

395

将来の夢・中学校生活 41 英4

アイ ワント トゥ ゴウ トゥ
I want to go to
オ(ー)ストゥレイリャ
Australia.

396

将来の夢・中学校生活 41 英4

私は
ハンバーガーが
食べたいです。

401

将来の夢・中学校生活 41 英4

私はインドに
行きたいです。

402

将来の夢・中学校生活 41 英4

私は
タージマハルが
見たいです。

403

将来の夢・中学校生活 41 英4

私は
イタリアに
行きたいです。

404

将来の夢・中学校生活 41 英4

私はピザが
食べたいです。

405

将来の夢・中学校生活 42 英5

(あなたは)
サッカーの試合を
見ることが
できます。

406

将来の夢・中学校生活 42 英5

(あなたは)
ピザを食べる
ことができます。

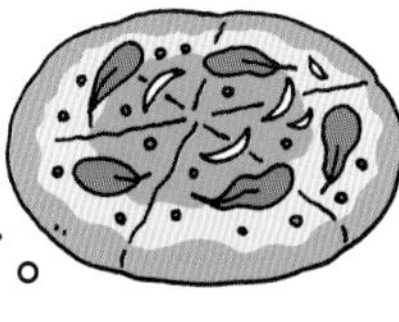

407

将来の夢・中学校生活 42 英5

(あなたは)
買い物を
楽しむことが
できます。

408

将来の夢・中学校生活 41 英4

アイ ワント トゥ イート
I want to eat
ハンバ～ガァズ
hamburgers.

401

将来の夢・中学校生活 41 英4

アイ ワント トゥ ゴウ トゥ インディア
I want to go to India.

▶ India の発音に注意しましょう。

402

将来の夢・中学校生活 41 英4

アイ ワント トゥ スィー ザ ターヂ
I want to see the Taj
マハール
Mahal.

403

将来の夢・中学校生活 41 英4

アイ ワント トゥ ゴウ トゥ イタリィ
I want to go to Italy.

▶ Italy の発音に注意しましょう。

404

将来の夢・中学校生活 41 英4

アイ ワント トゥ イート ピーツァ
I want to eat pizza.

405

将来の夢・中学校生活 42 英5

ユー キャン スィー サカァ
You can see soccer
ゲイムズ
games.

▶ see は watch でもよい。

406

将来の夢・中学校生活 42 英5

ユー キャン イート ピーツァ
You can eat pizza.

407

将来の夢・中学校生活 42 英5

ユー キャン エンヂョイ
You can enjoy
シャピング
shopping.

408

将来の夢・中学校生活 42 英5

（あなたは）
カレーを食べる
ことができます。

409

将来の夢・中学校生活 42 英5

（あなたは）万里の
長城を見ることが
できます。

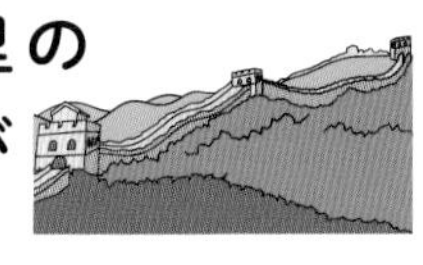

410

将来の夢・中学校生活 42 英5

（私たちは）
フランスで
何を見ることが
できますか。

411

将来の夢・中学校生活 42 英5

（あなたたちは）
エッフェル塔を
見ることが
できます。

412

将来の夢・中学校生活 42 英5

（私たちは）
エジプトで
何を見ることが
できますか。

413

将来の夢・中学校生活 42 英5

（あなたたちは）
ピラミッドを
見ることが
できます。

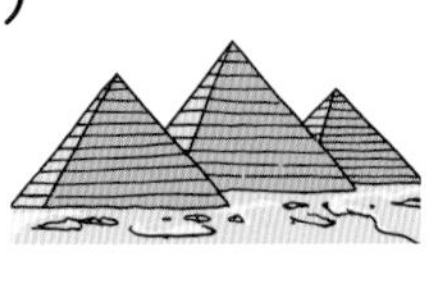

414

将来の夢・中学校生活 43 英4

あなたは
何部に入りたい
ですか。

415

将来の夢・中学校生活 43 英4

私は
テニス部に
入りたいです。

416

将来の夢・中学校生活 42 英5

ユー キャン イート カ～リィ
You can eat curry.

409

将来の夢・中学校生活 42 英5

ユー キャン スィー ザ グレイト
You can see the Great
ウォール
Wall.

410

将来の夢・中学校生活 42 英5

(フ)ワット キャン ウィ スィー イン
What can we see in
フランス
France?

411

将来の夢・中学校生活 42 英5

ユー キャン スィー ズィ アイフ(ェ)ル
You can see the Eiffel
タウア
Tower.

412

将来の夢・中学校生活 42 英5

(フ)ワット キャン ウィ スィー イン
What can we see in
イーヂプト
Egypt?

413

将来の夢・中学校生活 42 英5

ユー キャン スィー ザ
You can see the
ピラミヅ
pyramids.

414

将来の夢・中学校生活 43 英4

(フ)ワット クラブ ドゥ ユー
What club do you
ワント トゥ ヂョイン
want to join?

415

将来の夢・中学校生活 43 英4

アイ ワント トゥ ヂョイン ザ
I want to join the
テニス ティーム
tennis team.

416

将来の夢・中学校生活 43 英4

私はバスケットボール部に入りたいです。

417

将来の夢・中学校生活 43 英4

私はサッカー部に入りたいです。

418

将来の夢・中学校生活 43 英4

私はバレーボール部に入りたいです。

419

将来の夢・中学校生活 43 英4

私は科学部に入りたいです。

420

将来の夢・中学校生活 43 英4

私は美術部に入りたいです。

421

将来の夢・中学校生活 43 英4

私は新聞部に入りたいです。

422

将来の夢・中学校生活 43 英4

私は合唱部に入りたいです。

423

将来の夢・中学校生活 43 英4

私はブラスバンドに入りたいです。

424

将来の夢・中学校生活 43 英4

アイ ワント トゥ ヂョイン ズィ アート クラブ
I want to join the art club.

421

将来の夢・中学校生活 43 英4

アイ ワント トゥ ヂョイン ザ ニューズペイパァ クラブ
I want to join the newspaper club.

422

将来の夢・中学校生活 43 英4

アイ ワント トゥ ヂョイン ザ コーラス
I want to join the chorus.

423

将来の夢・中学校生活 43 英4

アイ ワント トゥ ヂョイン ザ ブラス バンド
I want to join the brass band.

424

将来の夢・中学校生活 43 英4

アイ ワント トゥ ヂョイン ザ バスケトゥボール ティーム
I want to join the basketball team.

417

将来の夢・中学校生活 43 英4

アイ ワント トゥ ヂョイン ザ サカァ ティーム
I want to join the soccer team.

418

将来の夢・中学校生活 43 英4

アイ ワント トゥ ヂョイン ザ ヴァリボール ティーム
I want to join the volleyball team.

419

将来の夢・中学校生活 43 英4

アイ ワント トゥ ヂョイン ザ サイエンス クラブ
I want to join the science club.

420

将来の夢・中学校生活 43 英4

私はダンス部に入りたいです。

425

将来の夢・中学校生活 43 英4

私は修学旅行を楽しみたいです。

426

将来の夢・中学校生活 43 英4

私は体育祭を楽しみたいです。

427

将来の夢・中学校生活 43 英4

私は学園祭を楽しみたいです。

428

将来の夢・中学校生活 43 英4

私は合唱コンクールを楽しみたいです。

429

将来の夢・中学校生活 43 英4

私は英語を一生けんめい勉強したいです。

HELLO

430

将来の夢・中学校生活 43 英4

私は理科を一生けんめい勉強したいです。

431

将来の夢・中学校生活 43 英4

私は数学を一生けんめい勉強したいです。

432

将来の夢・中学校生活 43 英4

アイ ワント トゥ ヂョイン ザ
I want to join the
ダンス チーム
dance team.

425

将来の夢・中学校生活 43 英4

アイ ワント トゥ エンヂョイ ザ
I want to enjoy the
スクール トゥリップ
school trip.

426

将来の夢・中学校生活 43 英4

アイ ワント トゥ エンヂョイ
I want to enjoy
スポーツ デイ
sports day.

▶ sports day(スポーツ デイ)はsports festival(スポーツ フェスティヴァル)でもよい。

427

将来の夢・中学校生活 43 英4

アイ ワント トゥ エンヂョイ ザ
I want to enjoy the
スクール フェスティヴァル
school festival.

428

将来の夢・中学校生活 43 英4

アイ ワント トゥ エンヂョイ ザ
I want to enjoy the
コーラス カンテスト
chorus contest.

429

将来の夢・中学校生活 43 英4

アイ ワント トゥ スタディ
I want to study
イングリシ ハード
English hard.

430

将来の夢・中学校生活 43 英4

アイ ワント トゥ スタディ
I want to study
サイエンス ハード
science hard.

431

将来の夢・中学校生活 43 英4

アイ ワント トゥ スタディ マス
I want to study math
ハード
hard.

432

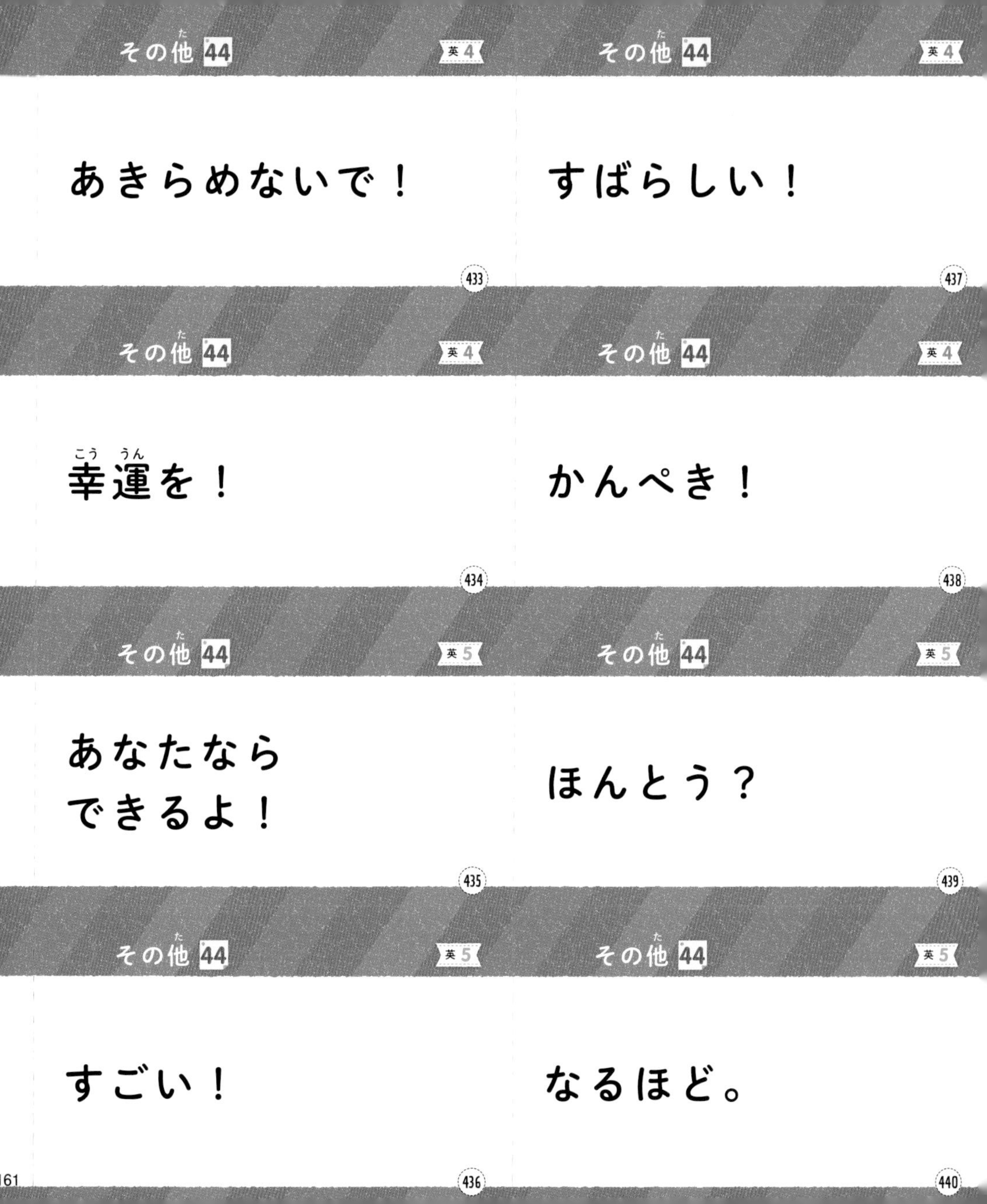
その他 44
英 4
あきらめないで！
433
その他 44
英 4
幸運を！
434
その他 44
英 5
あなたなら
できるよ！
435
その他 44
英 5
すごい！
436
その他 44
英 4
すばらしい！
437
その他 44
英 4
かんぺき！
438
その他 44
英 5
ほんとう？
439
その他 44
英 5
なるほど。
440

その他(た) 44 英4

ドウント ギヴ アップ
Don't give up!

433

その他(た) 44 英4

グッド ラック
Good luck!

アイ ウィッシ ユー グッド ラック
▶ I wish you good luck! でもよい。

434

その他(た) 44 英5

ユー キャン ドゥー イット
You can do it!

435

その他(た) 44 英5

グレイト
Great!

ヴェリィ グッド アメイズィング
▶ Very good! や Amazing! でもよい。

436

その他(た) 44 英4

ワンダフル
Wonderful!

ファンタスティク
▶ Fantastic! でもよい。

437

その他(た) 44 英4

パ～フェクト
Perfect!

438

その他(た) 44 英5

リー(ア)リィ
Really?

439

その他(た) 44 英5

アイ スィー
I see.

440

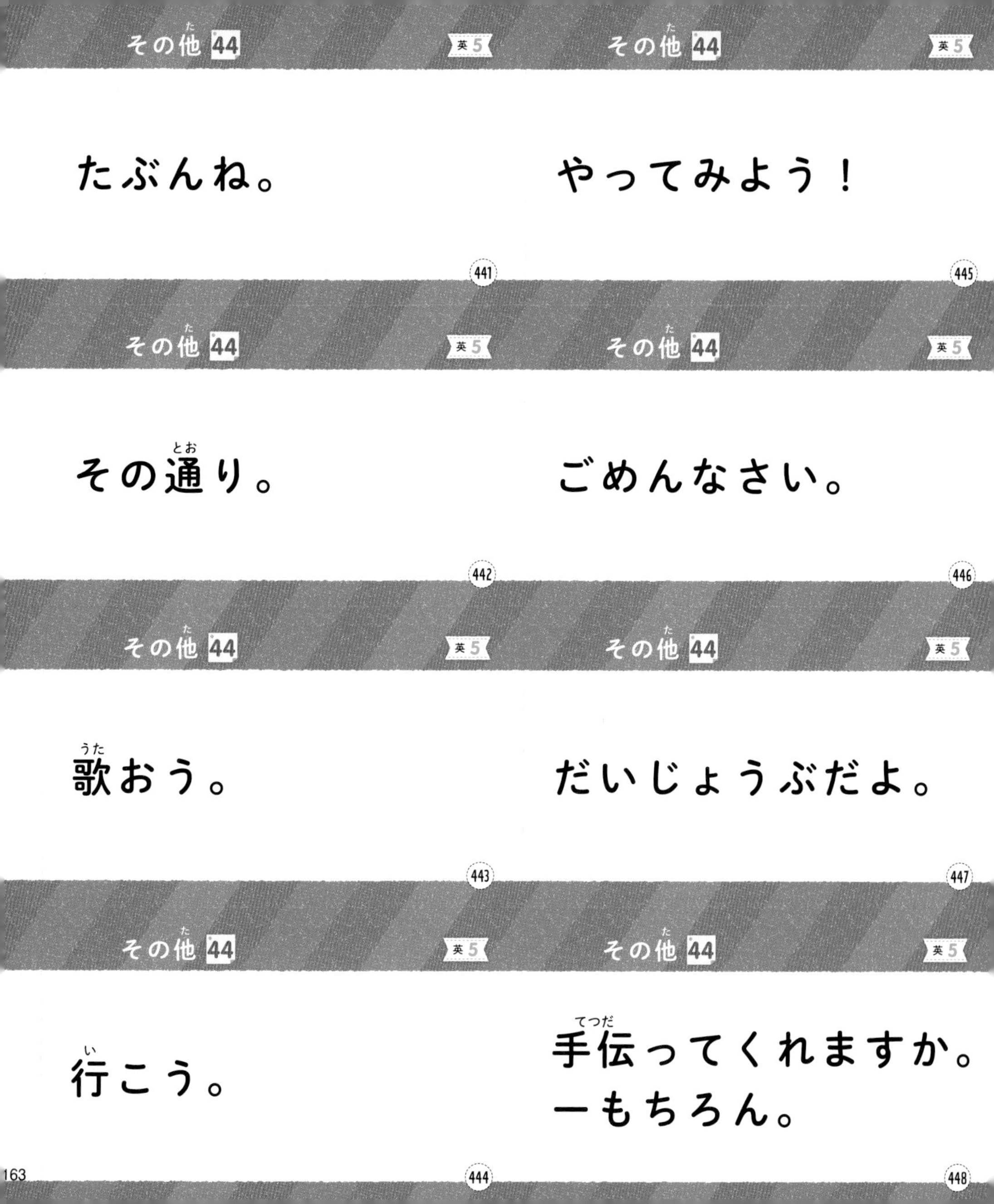

その他 44 英5

たぶんね。

441

その他 44 英5

その通り。

442

その他 44 英5

歌おう。

443

その他 44 英5

行こう。

444

その他 44 英5

やってみよう！

445

その他 44 英5

ごめんなさい。

446

その他 44 英5

だいじょうぶだよ。

447

その他 44 英5

手伝ってくれますか。
ーもちろん。

448

その他(た) 44　英5

Let’s try!（レッツ トゥライ）

445

その他(た) 44　英5

I’m sorry.（アイム サリィ）

▶ Sorry.（サリィ） でもよい。

446

その他(た) 44　英5

It’s OK.（イッツ オウケイ）

▶ It’s all right.（イッツ オール ライト） でもよい。

447

その他(た) 44　英5

Can you help me?（キャン ユー ヘルプ ミー）

— Sure.（シュア）

▶ Sure.（シュア） は Of course.（オフ コース） でもよい。

448

その他(た) 44　英5

Maybe.（メイビィ）

441

その他(た) 44　英5

That’s right.（ザッツ ライト）

442

その他(た) 44　英5

Let’s sing.（レッツ スィング）

443

その他(た) 44　英5

Let’s go.（レッツ ゴウ）

444

その他 44 英5

窓を開けてくれますか。
ーいいですよ。

449

その他 44 英5

部屋をそうじしてくれますか。
ーごめんなさい,
いそがしいのです。

450

その他 44 英5

キャン ユー オウプン ザ
Can you open the
ウィンドウ
window?
オウケイ オール ライト
— OK. / All right.

449

その他 44 英5

キャン ユー クリーン ザ
Can you clean the
ル(ー)ム
room?
サリィ アイム ビズィ
— Sorry, I'm busy.

▶ Sorry, は I'm sorry, でもよい。

450